Stefan Moch

Fernöstliche Kriegsstrategien für westliche Manager

IGEL Verlag

Stefan Moch

Fernöstliche Kriegsstrategien für westliche Manager

1. Auflage 2008 | ISBN: 978-3-86815-046-9

© IGEL Verlag GmbH , 2008. Alle Rechte vorbehalten.

Umschlagfoto: Anna Isabelle Moch

Die Deutsche Bibliothek verzeichnet diesen Titel in der Deutschen Nationalbibliografie. Bibliografische Daten sind unter http://dnb.ddb.de verfügbar.

Dieses Fachbuch wurde nach bestem Wissen und mit größtmöglicher Sorgfalt erstellt. Im Hinblick auf das Produkthaftungsgesetz weisen Autoren und Verlag darauf hin, dass inhaltliche Fehler und Änderungen nach Drucklegung dennoch nicht auszuschließen sind. Aus diesem Grund übernehmen Verlag und Autoren keine Haftung und Gewährleistung. Alle Angaben erfolgen ohne Gewähr.

IGEL Verlag

Inhaltsverzeichnis

Vorwort		IV
Danksagung		V
Zusammenfassung		VI
1.	Einleitung	1
2.	Definition und historische Betrachtung der Strategie im Wirtschaftsleben	5
2.1	Was ist Strategie?	5
2.2	Historische Betrachtung der Strategie	6
2.3	Einflüsse fernöstlicher Militärstrategien auf das asiatische Geschäftsleben	11
3.	Sun Tzu: Die Kunst des Krieges	14
3.1	Zur Person Sun Tzus	15
3.2	Die Kunst des Krieges	15
3.2.1	Zusammenfassung des Originaltextes	16
3.2.2	Fazit	21
3.3	Moderne Betrachtung	23
3.3.1	Donald G. Krause: The Art of War for Executives	24
3.3.1.1	Zehn Prinzipien nach Sun Tzu	24
3.3.1.2	Fazit	27
3.3.2	Mark R. McNeilly: Sun Tzu and the Art of Business	27
3.3.2.1	Erster Grundsatz	28
3.3.2.2	Zweiter Grundsatz	28
3.3.2.3	Dritter Grundsatz	29
3.3.2.4	Vierter Grundsatz	29
3.3.2.5	Fünfter Grundsatz	30
3.3.2.6	Sechster Grundsatz	30
3.3.2.7	Fazit	31
3.3.3	Gerald A. Michaelson: Sun Tzu: The Art of War for Managers	31
3.3.3.1	Kapitel 1: Planung	32
3.3.3.2	Kapitel 2: Kriegsführung	33
3.3.3.3	Kapitel 3: Strategeme	33

3.3.3.4	Kapitel 4: Militärische Stärke	34
3.3.3.5	Kapitel 5: Einsatz von Energie	35
3.3.3.6	Kapitel 6: Schwächen und Stärken	36
3.3.3.7	Kapitel 7: Manöver	37
3.3.3.8	Kapitel 8: Variationen der Taktik	38
3.3.3.9	Kapitel 9: Auf dem Marsch	39
3.3.3.10	Kapitel 10: Terrain	39
3.3.3.11	Kapitel 11: Die neun Varianten von Gelände	40
3.3.3.12	Kapitel 12: Angriff mit Feuer	41
3.3.3.13	Kapitel 13: Verwendung von Spionen	42
3.3.3.14	Fazit	42
3.3.4	Werner Schwanfelder: Sun Tzu für Manager	43
3.3.4.1	Die 13 ewigen Gebote für Manager:	43
3.3.4.2	Fazit	46
3.3.5	Ingmar P. Brunken: Die 6 Meister der Strategie	46
3.3.5.1	Zielsystem und Definition	47
3.3.5.2	Gewinnung von Wissen	47
3.3.5.3	Planung	48
3.3.5.4	Führung	49
3.3.5.5	Fazit	50
4.	**Musashi: Das Buch der Fünf Ringe**	**54**
4.1	Zur Person Musashis	54
4.2	Das Buch der fünf Ringe	55
4.2.1	Das Buch der Erde	56
4.2.2	Das Buch des Wassers	58
4.2.3	Das Buch des Feuers	59
4.2.4	Das Buch des Windes	61
4.2.5	Das Buch der Leere	62
4.2.6	Fazit	62
4.3	Moderne Betrachtung	63
4.3.1	Hans-Uwe L. Köhler: Musashi für Manager	64
4.3.1.1	Das Buch der Erde	64
4.3.1.2	Das Buch des Wassers	66
4.3.1.3	Das Buch des Feuers	66

4.3.1.4	Das Buch des Windes	66
4.3.1.5	Fazit	67
4.3.2	Donald G. Krause: Das Buch der fünf Ringe für Führungskräfte	67
4.3.2.1	Erster Grundsatz: „Geordnete Flexibilität"	67
4.3.2.2	Zweiter Grundsatz: „Durchführung"	68
4.3.2.3	Dritter Grundsatz: „Ressourcen"	69
4.3.2.4	Vierter Grundsatz: „Umgebung"	69
4.3.2.5	Fünfter Grundsatz: „Haltung"	70
4.3.2.6	Sechster Grundsatz: „Konzentration"	70
4.3.2.7	Siebter Grundsatz: „Der geeignete Zeitpunkt"	71
4.3.2.8	Fazit	71
4.3.3	Ingmar P. Brunken: Die 6 Meister der Strategie	71
4.3.3.1	Zielsystem	71
4.3.3.2	Mehr Wissen	72
4.3.3.3	Ungleichgewicht herstellen	73
4.3.3.4	Im Kampf überlegen sein und Niederlagen abwenden	73
4.3.3.5	Fazit	74
5.	**Gesamtfazit**	**75**
5.1	Kritik	76
5.2	Schlusswort	78
Literaturverzeichnis		**81**
Abbildungsverzeichnis		**84**

Vorwort

Auf Sun Tzu stieß ich das erste Mal beim Lesen von Clavells Roman *Noble House* 1981, als ich selbst in Hong Kong wohnte, und erwarb kurze Zeit später auch Clavells Fassung von Sun Tzus Werk *Die Kunst des Krieges*. Im Sommer 1987 las ich auf InterRail in Spanien Eiji Yoshikawas Roman *Musashi* über den gleichnamigen Strategen und einige Jahre danach empfahl mir ein Freund *Das Buch der Fünf Ringe* von Miyamoto Musashi. Beide gelten als Standardwerke auf Ihrem Gebiet und sollten nicht nur jedem militärischen Strategen bekannt sein, sondern auch Managern moderner Unternehmen.

Ich habe mich immer gefragt, ob die dort propagierten Grundsätze sich wirklich auf den modernen Managementalltag übertragen lassen. Auch wenn jeder diese Frage für sich selbst beantworten muss, denke ich, dass man gut daran tut, auch im Bereich der Strategie möglichst viel Wissen zu sammeln. Denn selbst wenn man die Anwendbarkeit ablehnt, schadet es nicht zu wissen, wie jemand denkt, der diesen Ansatz vertritt.

Dieses Buch enthält kein geheimes, okkultes Wissen mit einer Zauberformel, die alle Probleme und Konflikte löst. Es werden vielmehr die Ansichten der antiken und der modernen Autoren dargestellt, ohne dass diese bewertet werden. So kann jeder seine eigenen Schlüsse ziehen und das Wissen annehmen oder nicht. Obwohl ich immer noch skeptisch bin, was die Verwendung von Militärstrategien im Wirtschaftsleben angeht, muss ich zugeben, dass ich viel Neues aus den Werken sowohl von Sun Tzu, wie auch Musashi gelernt habe. Ich kann die Lektüre somit nur jedem empfehlen. Ich hoffe, dass Sie bei der Lektüre dieses Buches soviel Spaß haben, wie ich es bei der Recherche und dem Schreiben hatte.

München/Gütersloh im Mai 2008,

Stefan Moch

Danksagung

Ich danke meiner Frau Anna Isabelle und meinem Sohn Nicolas Constantin, die mich immer wieder motiviert haben, für ihr Verständnis, wenn Ehemann und Vater mal wieder weniger Zeit für sie hatte und widme ihnen dieses Buch.

Über Feedback jeglicher Art freue ich mich. Sie erreichen mich über die Webseite www.strategienet.de.

Zusammenfassung

Kaum ein anderer Begriff hat die moderne Managementlehre in den vergangen Jahrzehnten so geprägt wie das Thema Strategie. Das vorliegende Buch zeigt daher Anwendbarkeit und Einflüsse der fernöstlichen Militärstrategien auf die westliche Managementlehre, am Beispiel der Werke *Die Kunst des Krieges* und *Das Buch der Fünf Ringe*, auf. Denn einerseits erkennt die klassische Managementlehre zwar die Herkunft der Strategie aus dem Bereich des militärischen an, lehnt aber eine direkte Übertragung der militärischen Strategien in das Wirtschaftsleben ab. Andererseits zeigt die heutige Praxis, dass es jedoch gerade in letzter Zeit vermehrt Publikationen gibt, die Grundsätze für das moderne Geschäftsleben direkt aus historischen militärstrategischen Werken ableiten. Nach eingehender Untersuchung vorliegender Literatur, lassen sich übergreifend für mich folgende Hauptaussagen herausbilden:

1. Strategie ist wichtig.
2. Greife mit Deinen Stärken, die Schwächen des Gegners an.
3. Nutze eine Täuschung um einen strategischen Vorteil zu erlangen.
4. Mache Kompromisse, um Ergebnisse zu erzielen, und strebe nicht nach Perfektion.
5. Suche den Gesamtsieg, am besten ohne einen Kampf, nicht die Vernichtung des Gegners oder den Sieg in einer Schlacht.
6. Sei flexibel und handele nicht nach starren Plänen, so kannst Du die Missgeschicke des Gegners ausnutzen.
7. Sammele Information wo Du kannst, denn ohne Wissen kann man nicht entscheiden.
8. Erkenne die Interdependenzen, nur dann kannst Du sie nutzen.
9. Sei geduldig, denn aus Hast resultieren Fehler.
10. Vermeide Emotionen, denn sie vernebeln den Verstand.

Diese der untersuchten Literatur entnommenen Aussagen sind nicht nur isoliert zu betrachten, sondern auch beliebig kombinierbar. Sie können unzweifelhaft als militärisch-strategische Grundsätze aus Fernost bezeichnet werden, so dass deren Einfluss in die westliche Managementlehre als durchaus gesichert festgestellt werden kann. Für einen westlichen Strategen ist es daher auf jeden Fall sinnvoll zu wissen, wie Strategie in Fernost, also den Märkten der Zukunft gelebt wird. Es gilt hier Sun Tzus Leitsatz: *„Wenn Du den Feind und dich selbst kennst, brauchst Du den Ausgang von hundert Schlachten nicht zu fürchten"*[1]. Wer also Geschäfte in China oder Japan tätigt, sollte von der unterschiedlichen Denkweise seines geschäftlichen Gegenübers wissen. Ein Beispiel für Unterschiede westlicher und östlicher Strategie wird in Hinblick auf die Verwendung von List deutlich. Während diese bei uns verpönt ist und daher gemieden wird, gilt es in Fernost als tugendhaft, den Gegner zu überlisten.

Aufgrund steigender Publikationen und erhöhter Nachfrage im westlichen Markt bezüglich Neuauflagen alter Werke, ist ein zunehmendes Interesse an fernöstlichen Militärstrategien für Manager deutlich erkennbar. Ob die dort propagierten Ratschläge direkt anwendbar sind, ist strittig und hängt von dem jeweiligen Leser ab. Eine Beeinflussung des Denkens kann jedoch anhand des steigenden Konsums diesbezüglicher Fachliteratur nur schwer geleugnet werden.

Wer allerdings eine konkrete geheime Wunderformel für den Erfolg sucht, wird sie auch in diesen Büchern nicht finden. Denn sowohl Sun Tzu wie auch Musashi betonen, dass es nicht die eine richtige Strategie gibt, vielmehr geht es darum, für eine bestimmte Situation die jeweils richtige zu finden.

---

[1] Sun Tzu, S. 11.

1. Einleitung

Strategie ist der kürzeste geplante Weg zum Erfolg. Sie allein garantiert den Erfolg als solches zwar noch nicht, denn man kann auch trotz einer guten Strategie scheitern oder ohne eine Strategie Erfolg haben, aber grundsätzlich sind die Erfolgsaussichten mit ihr höher als ohne sie. Strategie ist ein Mittel zum Zweck, allgemein einsetzbar und nicht begrenzt auf eine bestimmte Zielsetzung. Strategie ist unabhängig von Zeit und Ort und wirkt grundsätzlich. Erfolgsautor Ingmar P. Brunken behauptet daher, dass die Lehren der Strategie-Meister noch immer hochaktuell und auch heute noch gültig seien. Für ihn gibt es prinzipiell erfolgreiche Strategien, ohne die Erfolg sonst reine Glückssache wäre.[2]

Neben westlichen Strategen wie Carl von Clausewitz oder Niccolo Machiavelli werden in den vergangenen Jahren wieder vermehrt die fernöstlichen Militärstrategien Sun Tzus[3] und Miyamoto Musashis in der Presse diskutiert. So kann man im Manager Magazin online[4] testen, welcher Strategietyp man ist, oder im österreichischen Standard[5] über Management und Kriegskunst nachlesen. Die Geschichte der Strategie als Konzept beginnt mit der Auseinandersetzung über eine strukturierte Vorgehensweise im Krieg. Das über 2500 Jahre alte Werk des chinesischen Philosophen und Generals Sun Tzu *Die Kunst des Krieges*[6] gilt immer noch als erstes Traktat zur Strategie. Es gilt als so grundlegendes Werk, dass es auch von heutigen Strategen gern zu Rate gezogen wird. So schreibt eine Webseite in ihrem Werbetext über Sun Tzus Werk *Die Kunst des Krieges*: „*Der chinesische Philosoph und General Sun Tzu verfasste ‚Die Kunst des Krieges' vor mehr als 2500 Jahren, doch seine Gedanken und Erkenntnisse haben bis heute Gültigkeit [...] Es ist wirklich erstaunlich, wie universell sich seine Erkenntnis auf jede Auseinandersetzung zwischen zwei Parteien anwenden lassen. Eine hervorragende Grundlage auch für die Strategieentwick-*

---

[2] Brunken, Umschlagseite.
[3] Alternative Schreibweisen: Sun Z□, Sun Tsu, Sun Tzu, Sun Tse, hier wird die deutsche Schreibweise Sun Tzu verwendet.
[4] Http://www.manager-magazin.de/koepfe/karrierecheck/0,2828,375912,00.html, 15. Januar 2007.
[5] Http://derstandard.at/?url=/?id=2492393, 15. Januar 2007.
[6] Sun Tzu, Die Kunst des Krieges, 1988.

lung in Unternehmen"[7]. Ebenso gibt es ein Buch mit dem Titel *Die weibliche Kunst des Krieges*[8], in dem die Autorin Chin-Ning Chu aus Sun Tzus Werk strategische Regeln speziell für Frauen ableitet. Mittels dieser soll der berufliche und private Erfolg erzielt werden. Doch haben diese antiken Weisheiten, die sich alle mit dem Krieg befassen, in dem Wirtschaftsleben des 21. Jahrhundert noch ihre Gültigkeit? Im Rahmen dieses Buches untersuche ich daher Einfluss und Verwendbarkeit fernöstlicher Militärstrategien auf das moderne Geschäftsleben. Um den vorgegebenen Umfang einhalten zu können, konzentriere ich mich bei der Bearbeitung dieser Fragestellung auf die zwei bekanntesten und repräsentativsten Vertreter: Der chinesische General Sun Tzu, als ältester Vertreter mit seinen 13 Regeln aus seinem Werk *Die Kunst des Krieges*[9] und der japanische Samurai Miyamoto Musashi *Das Buch der Fünf Ringe*[10]. Neben diesen gibt es natürlich auch noch andere fernöstliche Strategiewerke wie *Three Kingdoms*[11], *Die Kunst der List*[12] von Harro von Senger, das die 36 Strategeme behandelt, dem *Hagakure*[13] von Tsunetomo Yamamoto oder auch *Der Weg des Samurai*[14] von Yagyu Munenori. All diese Werke werden immer wieder zum Thema Strategie herangezogen. So verweist Partha Bose, Journalist, Ökonom und Marketingleiter, in seinem Buch *Alexander der Große – Die Kunst der Strategie*[15] zum Beispiel ebenso auf Sun Tzu wie Michael I. Handel in seinem militärischen Standardwerk *Masters of War: Classical Strategic Thought*[16] oder auch William A. Levinson in *The Way of Strategy*[17]. Sun Tzus Theorien werden dabei nicht nur hinsichtlich militärischer, sondern auch und vor allem im Bereich der Business-Strategien herangezogen. Das vorliegende Buch versucht daher, Anwendbarkeit und Einflüsse der fernöstlichen Militärstrategien auf die moderne Management-

---

[7] Http://www.gruenderland.de/buecher/buecher-unternehmensstrategie.html, 15. Januar 2007.
[8] Chu, Die Weibliche Kunst des Krieges.
[9] Sun Tzu, Die Kunst des Krieges, 1988.
[10] Musashi, Das Buch der Fünf Ringe, 1983.
[11] Guanzhong, Three Kindgdoms, übersetzt von Moss, 1999.
[12] Senger von, Die Kunst der List, 2001.
[13] Tsunetomo, Hagakure, 1979.
[14] Munenori, Der Weg der Samurai, 2002.
[15] Bose, Alexander der Große, 2003.
[16] Handel, Masters of War – Classical Strategic Thought, 1992.
[17] Levinson, The Way of Strategy, 2000.

lehre anhand Sun Tzus Werk *Die Kunst des Krieges* und Musashis *Das Buch der Fünf Ringe* aufzuzeigen.

Abbildung 1: Schachfigur Turm[18]

---

[18] Das Schachspiel gilt als Verkörperung der Strategie.

2. Definition und historische Betrachtung der Strategie im Wirtschaftsleben

2.1 Was ist Strategie?

Der Begriff Strategie stammt aus dem Griechischen und bedeutet Heeresführung. Ein Stratege war im antiken Griechenland ein gewählter Heerführer (stratos = Heer, agein = führen). Heute steht Strategie für ein zielorientiertes ganzheitliches Vorgehen, einen langfristigen Plan, im Gegensatz zur kurzfristigen Taktik als Teil einer Strategie. Im Kontext des modernen Wirtschaftslebens bedeutet dies, dass Strategie Schwerpunkte setzt und zeigt, auf welche Art und Weise die Mission zu erfüllen bzw. die Vision zu erreichen ist. Taktik als Teil der Strategie ist dabei operativ als Weg zur Erreichung von Teilzielen zu verstehen. Henry Mintzberg definierte Strategie folgendermaßen: *„Strategie ist eines jener Wörter, die wir gern auf eine bestimmte Weise definieren, jedoch auf eine andere Weise verwenden"*[19]. Anhand dieser Definition sieht man, dass nur eine generelle Aussage über Strategie getroffen werden kann und eine genauere Definition jeweils situationsspezifisch beziehungsweise individuell erfolgen muss. Michael E. Porter, der grundlegende Regeln für die Wettbewerbsstrategie aufstellte, bezeichnet Strategie als *„... eine in sich stimmige Anordnung von Aktivitäten, die ein Unternehmen von seinen Konkurrenten unterscheidet ..."*[20]. Im Handbuch zu Strategiekonzepten findet man folgende Erklärung: *„Strategie ist die Kunst und die Wissenschaft, alle Kräfte eines Unternehmens so zu entwickeln und einzusetzen, dass ein möglichst profitables, langfristiges Überleben gesichert wird"*[21]. Obwohl es den Terminus Strategie im militärischen Sinne schon lange gibt, ist er im Kontext der Unternehmensführung, trotz seiner heutigen weiten Verbreitung, ein vergleichsweise junger Begriff. Sporadisch tauchte das Wort Strategie seit den sechziger Jahren in Fachzeitschriften auf, erst nach 1980 stieg Strategie zu einem zentralen Begriff modernen Managements auf.

---

[19] Mintzberg, S. 9.
[20] Porter, S. 15.
[21] Simon, et al (Hg.) Das große Handbuch der Strategiekonzepte, 2000, S. 21.

2.2 Historische Betrachtung der Strategie

Unternehmen und Armeen benötigen Strategien zur Durchsetzung ihrer Ziele beziehungsweise finanziellen oder militärischen Profits. Sie dient demgemäß zur Erreichung ziel- und zweckgerichteten Arbeitens, Optimierung effektiver und effizienter Ressourcenverteilung und Koordination einzelner Entscheidungsströme. Militär- und Geschäftsstrategie ähneln sich also in Konzepten und Prinzipien. Eine festgesetzte Strategie ist bei beiden insofern nur sehr schwer zu korrigieren, als Inkonsequenz in der Durchführung oftmals fatale Folgen nach sich ziehen. Strenge der Offensiv- und Defensivstrategien und Unbedingtheit einer einmal getroffenen Entscheidung sind daher in einem Unternehmen wie auch der Armee gleichermaßen erforderlich. Geschäft- und Militärwelt unterscheiden beide zwischen Strategie und Taktik: Strategie gilt als Gesamtplan für die Erlangung eines langfristigen Zieles; Taktik ist ein kurzfristigerer Entwurf für eine spezielle Handlung im Rahmen des gewählten strategischen Gesamtplanes. Der Autor von *Contemporary Strategy Analysis*[22], R.M. Grant, verweist aber auch auf einen wichtigen Unterschied: Gegner im Geschäftsleben zielen nicht darauf ab, sich gegenseitig zu vernichten. Als nichtmilitärisches Strategieziel wird daher die Koexistenz mehrerer Firmen im Wettbewerb betrachtet.

Bezogen auf den wirtschaftlichen Kontext veröffentlichten John von Neumann und Oskar Morgenstern im Jahr 1944 *Theory of Games*[23], als erstes konkretes Werk über Strategie-Theorien. In den 50er und 60er Jahren erfuhren immer mehr Firmenleiter wie kompliziert und komplex die Leitung eines durch prosperierende Wirtschaft stetig wachsendes Unternehmen werden kann:

Die Koordination einer Vielfalt von Entscheidungen und gleichzeitig einen Überblick über alle Vorgänge der Firma zu behalten, wurde zunehmend als eine Herausforderung betrachtet. Man begann daher, Budgetierungs- und Finanzabläufe in Übersichten zusammenzufassen. Wenn auch nur auf kurze Sicht kalkuliert, war dies der erste Schritt zur Unternehmenskontrolle mittels Planung. Strategie als solches war zu dieser Zeit aufgrund der vorherrschenden Marktbedingungen nicht notwendig, da nach dem Zweiten Weltkrieg die Nachfrage sehr hoch war und das Hauptmerkmal der In-

---

[22] Grant, Contemporary Strategy Analysis, 1991.
[23] Neumann/Morgenstern, Theory of Games, 1944.

dustrie auf dem Bereich der Produktion lag. Die Wirtschaft konzentrierte sich darauf, ausreichend Waren zu produzieren und Preise an die Produktionskosten und Löhne der Mitarbeiter anzupassen.

In den 60ern wagte das Management erstmals, aufgrund des stabilen Wirtschaftsaufschwungs, längerfristig zu planen. Man bezog das „Corporate Planning" mit ein und tätigte Langzeitinvestitionen z.B. auf dem Technologiemarkt. In dieser Zeit war das Planungsinstrument der Wirtschaft der Fünf-Jahres-Plan, der Ziele, Trends, Kostenstrukturen und andere Faktoren berücksichtigte. Alfred Chandler, einer der bedeutendsten Wirtschaftshistoriker mit dem Forschungsschwerpunkt Business History, erklärte in seinem Buch *Strategy and Structure*[24] von 1962, dass die Struktur der Strategie zu folgen hat und letztere als eigene Geschäftsfunktion neben den anderen Berechtigung hat. Kenneth Andrews, Harvard Business School Professor und Vater der „Corporate Strategy", betonte in seinem Buch *Concept of Corporate Strategy*[25] von 1965 erstmals die Notwendigkeit, sich auf die Grundlage der eigenen Stärken und Schwächen zu konzentrieren und die internationalen Märkte zu analysieren. Ebenfalls in den 60ern postulierte Igor Ansoff, damaliger Geschäftsführer von Lockheed Electronics, dass jeder Manager mit eindeutigen strategischen Entscheidungen konfrontiert wird. Bruce Henderson, Gründer der Boston Consulting Group formulierte das Prinzip der Erfahrungskurve und erfand die Portfolio-Matrix. Mittels dieser ließen sich generische Investitionsstrategien für Produkte in einem bestimmten Produktzyklus ableiten. 1963 veröffentlichte ein Marktforschungsinstitut, dass die Mehrheit der großen US-Firmen eigene Planungsabteilungen eingerichtet hätten, und bezeichneten dies als Trend. Die neue Erkenntnis war, dass Strategie eindeutiger Entscheidungen bedurfte und geleitet werden konnte.

Die 70er Jahre waren gekennzeichnet von Unsicherheit, hervorgerufen durch die Ölkrise, zunehmendem globalen Wettbewerb sowie einer Organisation der Konsumenten zur besseren Wahrnehmung ihrer Rechte. Eine Veröffentlichung des Club of Rome über die Endlichkeit der fossilen Ressourcen ließ ferner zum ersten Mal den Gedanken des Umweltschutzes aufkommen. Die Unternehmen in den USA steckten zusätzlich durch Proteste wegen Vietnam und Watergate in der Krise. Die Unternehmen der westlichen Welt verzeichne-

---

[24] Chandler, Strategy and Structure, 1962.
[25] Andrews, Concept of Corporate Strategy, 1965.

ten insgesamt eine negative wirtschaftliche Entwicklung. Auf dem asiatischen Kontinent hingegen konzentrierten sich in dieser Zeit japanische Unternehmen auf Qualität im Bereich der Elektronik und des Automobils und konnten so dort kräftig an Marktanteil zulegen. Aufgrund der Umstände und Änderungen in der Wirtschaftspolitik waren die westlichen Unternehmer gezwungen, schneller und flexibler auf die neue, instabile Wirtschaftslage zu reagieren. Der Wechsel in der Wirtschaftspolitik vom keynesianischen zum neoliberalistischen Paradigmas hatte ein Zurückdrängen des Staates zur Folge. Die entstandene Lücke füllte der Aufschwung der Börse und es entstand die Idee des „shareholder value". Aus der Notwendigkeit kurzfristig Erfolge vorzuweisen folgten Zusammenschlüsse und Übernahmen von Konzernen sowie eine immer kurzfristigere Planung und damit verbundenen schnell wechselnden Zielvorgaben. Gleichzeitig sollte das Firmenziel keinesfalls aus den Augen verloren werden. Es kam also darauf an, langfristig und kontinuierlich an der Erfüllung einer Aufgabe zu arbeiten und trotzdem kurzfristig flexibel sein zu können, um mit aktuellen, marktspezifische Entscheidungen reagieren zu können. An dieser Stelle wurde das bisherige „corporate planning" von dem „strategic management" abgelöst. Das Management sollte dabei einer Durchsetzung der Strategie dienen. Dies war auch der Zeitpunkt des Aufstiegs unabhängiger Strategieberater. Der bisher eher lineare Strategieprozess wurde wesentlich flexibler und wuchs sowohl geografisch, da die Anforderungen globaler wurden, als auch in den Konzernen selbst mit immer zunehmender Bedeutung. Die strategische Planung wurde dimensionaler und abhängig von verlässlichen Informationen und Instrumenten, wie zum Beispiel aufkommender Computertechnik. Ebenso stieg die Nachfrage nach strategischen Tools und zuverlässigen Werkzeugen zur Analyse.

In den 80er Jahren rückte der Wettbewerb immer mehr in den Mittelpunkt des Marktgeschehens. Die einzelnen Unternehmen konzentrierten sich auf Konkurrenzfähigkeit und die Erlangung von Wettbewerbsvorteilen. Marktforschung und Trendanalysen wurden in dieser Zeit verstärkt betrieben. Es waren Michael Porters Bücher *Competitive Strategy* von 1980 und *Competitive Advantage* aus dem Jahre 1985, die die Unternehmensstrategie als solches formten und ihr die Stellung einer Managementfunktion gab, gleichgestellt mit anderen Unternehmensbereichen.[26]

In den späten 80ern und frühen 90ern wandelte sich die externe Marktanalyse zur unternehmensinternen Strukturanalyse. Von der Suche nach Kompetenzen und Kapazitäten im Betrieb versprach man sich die entscheidenden Wettbewerbsvorteile. Henry Mintzberg, Professor für Management und Wegbereiter der Strategielehre, war als erster der Meinung, dass sich die Märkte zu schnell verändern, um mit veralteten Analysemethoden gemessen zu werden.[27] Grund dafür waren vor allem die schnell wachsenden Möglichkeiten der Technologie und das Aufkommen des Internet. Seine entwickelten Modelle, die zehn Strategie-Schulen, trugen diesem Umstand Rechnung. Weitere neue Ansätze auf dem Markt waren ERP (Enterprise Ressource Planning), CRM (Customer Relationship Management) und SCM (Supply Chain Management). Diese Systeme waren alle stark technikabhängig und führten dazu, dass sich der Fokus der Strategie darauf bezog, diese Systeme intern und extern zu unterstützen.

Mitte bis Ende der 90er Jahre entwickelte sich die Strategie, ausgehend von einem wissenschaftlichen Teilbereich, zu einem eigenen akademischen Schwerpunktbereich innerhalb der Betriebswirtschaftslehre. Unternehmen änderten damals ihre Organisationsformen, so dass Kooperationen mit anderen Firmen erleichtert wurden. Die Strategielehre kreierte in dieser Zeit einen eigenen Geschäftsbereich, nämlich den der Unternehmensberater wie Accenture, Bain, Boston Consulting Group, Cap Gemini, McKinsey, die zeitweise die Hauptzahl der Absolventen, mit einem Abschluss als Master of Business Administration, einstellten. Weiterhin wurde der Bereich Strategie als eine eigene Disziplin und Funktion in den Unternehmen betrachtet. *„Betrachtet man die Geschichte der Strategie in der Unternehmensführung als Ganzes, erkennt man ihre Reifung zu einem Prozess, einer Funktion und als akademische Disziplin"*[28].

Während die Strategie als militärisches Mittel bereits lange bekannt und dokumentiert war, waren viele Werke der Strategie im Ge-

---

[26] Ghemawat, Competition and Business Strategy in Historical Perspective, Business History Review 76, 2002, Frühjahrsausgabe, S. 60.
[27] Kay, S. 354.
[28] Oliver, R. W.: The Future of Strategy: Historic Prologue. Journal of Business Strategy, 2002, Band. 23, Ausgabe 4, S. 6.

schäftsleben weniger bekannt und umstritten. John Kay beschreibt in seinem Buch *Foundations of Corporate Success*[29] am Beispiel der Firma General Electric, wie sich die Strategie im Laufe der Jahre entwickelt hat. Die Strategie hat sich von der bloßen Planung des Unternehmens über Diversifikation und Portfolio Strategien hin zu einer Konzentration auf Kernkompetenzen entwickelt. Ebenso ist das Management weniger analytisch und mehr menschenorientiert geworden. Denn längst sind nicht mehr nur die finanziellen Kennzahlen ausschlaggebend, sondern vielmehr auch das Wissen und die Fähigkeiten der Mitarbeiter.[30]

Die folgende Abbildung fasst die gesamte historische Entwicklung tabellarisch zusammen. Sie gliedert sich nach den Kriterien Managementhandlungen, Organisation und Wettbewerb sowie den beherrschenden Themen, Hauptvertretern, Firmenphilosophie, strategische Tools und der industriellen Konfiguration. Interessant sind hier die Felder „Firm Theory" und „Strategic Tools", welche die rasante Entwicklung ab 1950 gut zusammenfassen.

---

[29] Kay, S. 336.
[30] Ebenda, S. 337.

Year/Focus	1950	1960	1970	1980	1990
Business Strategy Evolves					
Management Action	Command and Control	Command and Control	Shareholder Participation	Quality	Competitiveness
Organization Metaphor	Mechanic	Mechanic	Networked	Networked	Networked
Competition	National	National	Global	Global	Global
Dominant Theme	Marketing	Structure; Experience; Growth;Strategic Planning Choice	Competitiveness	Value Chain; Global Quality	Enhancing Core Process
Leading Advocates	Micro economists	Chandler, Andrews, Henderson, Ansoff	Professional Strategy Firms	Porter, Drukker	Mintzberg, Hamel
Firm Theory	Industry Captive	Rational Choice	Internal Transaction of Stakeholders	Globalization	Co-opetition
Strategic Tools	-	SWOT; Experience Curve; Growth Share Matrix	Value Chain	SPC, TQM	Core Competency; Value System; Game Theory
Industry Configuration	Vertical	Vertical	Horizontal	Horizontal	Horizontal

Abbildung 2: Entwicklung der Strategie im Wirtschaftsleben [31]

2.3 Einflüsse fernöstlicher Militärstrategien auf das asiatische Geschäftsleben

Während die Lehren historischer Strategen, wie zum Beispiel Clausewitz, regelmäßig von Militärstrategen zitiert wurden, war ihr Einfluss auf das westliche Geschäftsleben bisher begrenzt. Dies änderte sich erst zu Beginn der Jahrtausendwende mit dem stärker werdenden Einfluss asiatischer Unternehmen und ihrer Tradition, auch in wirtschaftlichen Aspekten die Grundsätze fernöstlicher Kriegsstrategien anzuwenden. 1994 schrieb Rosalie Tung in ihrem Aufsatz

---

[31] Oliver, R. W.: The Future of Strategy: Historic Prologue. Journal of Business Strategy, 2002, Band. 23, Ausgabe 4, S. 8.

„Strategic Management - Thought in East Asia"[32] wie fernöstliche Schriften über Kriegskunst seit jeher asiatische Geschäftsstrategien beeinflussen. Dieser Artikel folgte wohl auf zunehmendes Interesse westlicher Manager, die durch Clavells Ausgabe von Sun Tzus *Der Kunst des Krieges* aufmerksam wurden. Clavell schrieb hier nicht nur das Vorwort, sondern interpretierte die Übersetzung von Giles aus dem Jahr 1910 auch neu. Clavell vertritt dort die Auffassung, dass Sun Tzus Schrift für jede Führungskraft, egal ob militärisch, politisch oder aus der Wirtschaft, von unschätzbarem Wert sei. Westliche Manager waren, aufgrund des wirtschaftlichen Aufschwungs der fernöstlichen Region und den damit verbundenen verstärkten geschäftlichen Kontakten, gezwungen, sich mit der dort praktizierten Geschäftspolitik auseinander zu setzen. Denn asiatische Manager haben eigene Ansichten bezüglich Wettbewerb und Kooperation. Sie ziehen ihre Geschäftsphilosophien aus antiken Werken, wie Sun Tzus *Die Kunst des Krieges* oder *Das Buch der Fünf Ringe* von Musashi. In seinem Aufsatz *The strategy of an ancient warrior: An inspiration for international managers*[33] schreibt Yim Yu Wong, dass wenn man im internationalen Umfeld erfolgreich sein will, man auch Geschäfte mit der großen Volksrepublik China machen muss. Hinzu kommt, dass ein Grossteil der chinesischen Betriebe immer noch staatlich ist und erst im Laufe der Zeit privatisiert werden sollen. Ein hohes Maß an Sensibilität und jedwedes Verständnis der Denkweise können hier somit nur hilfreich sein. Wong bezeichnet Sun Tzus Werk *Die Kunst des Krieges* als Bibel der Militärstrategie, von der das strategische Management abgeleitet sei. Foo Tong weist in seiner Untersuchung[34] 2001 nach, dass ein Grossteil fernöstlicher Firmen sich bei ihrer strategischen Planung auf Sun Tzus Werk beruft. Der Wettbewerb im Wirtschaftsleben wird von ihnen ebenso hart und brutal betrachtet, wie ein militärischer Konflikt. Es bleibt also festzuhalten, dass in Fernost nicht nur im militärischen oder politischen Bereich, sondern auch im Wirtschaftsleben militärstrategische Werke weit verbreitet waren und spätestens nach dem 2. Weltkrieg noch verstärkt Verwendung fanden.

---

[32] Tung, Strategic Management Thought in East Asia, Organizational Dynamics, Frühjahr 1994, Band 22, Ausgabe 4, S. 55 - 65.
[33] Wong, The strategy of an ancient warrior: An inspiration for international managers, Multinational Business Review, Frühjahr 1998, S. 24-35.
[34] Tong, Outlook for Asia Strategy, 2001, Singapore Management Review, 2001, Band 23, Ausgabe 2, S. 85-89.

Abbildung 3: Yin Yang Symbol[35]

---

[35] Symbolik aus der chinesischen Philosophie.

3. Sun Tzu: Die Kunst des Krieges

Jeder asiatische Manager kennt den strategischen Leitfaden *Die Kunst des Krieges* oder *Bingfa*[36], wie Sun Tzu ihn schrieb[37]. Es ist zwar unklar, ob Sun Tzu dieses Werk selbst geschrieben hat, oder ob es überliefert und von jemand anderem geschrieben wurde, aber die Bedeutung des Werkes ist unumstritten. Erstmals auf Bambusröllchen niedergeschrieben, wurde es im Laufe der Zeit immer wieder übertragen. So erklären sich auch der etwas konfuse Aufbau und die immer wieder auftretende Doppelung bestimmter Inhalte. Mao Zedong hat für sein Buch *Theorie des Guerillakrieges oder Strategie der Dritten Welt*[38] fast wörtlich von Sun Tzu abgeschrieben[39]. Sun Tzu legt dar, welche Wege im Krieg zum Sieg führen. Seine Kernaussage ist: Der Sieg ohne Kampf ist das höchste Ziel. Falls eine Schlacht doch unvermeidlich ist, wird Schnelligkeit zum wichtigsten Erfolgsfaktor. Sun Tzu vertritt in *Die Kunst des Krieges* durchaus auch moderne Thesen. So empfiehlt er bereits die konstruktive Auseinandersetzung, wie zum Beispiel den Befehl des Herrschers zu verweigern, falls dieser in den sicheren Untergang führt. Sein Werk wurde 1782 von Vater Amoit, einem Jesuiten, erstmalig ins Französische übersetzt und die Legende besagt, dass dieses Buch der Schlüssel zu Napoleons Erfolg war[40]. 1905 wurde *Die Kunst des Krieges* erstmals von P.F. Calthrop ins Englische übersetzt. Für dieses Buch wurde die deutsche Übersetzung von Jürgen Langowsky, erschienen im Droemer Knaur Verlages, von 1988 verwendet und basiert auf James Clavells Auslegung von 1983. Clavell veröffentlichte damals seine eigene neue, auf die modernen Verhältnisse angepasste Version, wobei er als Grundlage nicht den chinesischen Text Sun Tzus, sondern Giles Übersetzung in das Englische aus dem Jahre 1910 nahm.

---

[36] Chinesischer Titel von Sun Tzus Die Kunst des Krieges, auch Ping-Fa geschrieben.
[37] Rosalie L. Tung, Strategic Management Thought in East Asia, Organizational Dynamics, Frühjahr 1994, Band. 22 Ausgabe 4, S. 55 – 65.
[38] Zedong, M. Theorie des Guerillakrieges oder Strategie der Dritten Welt, 1966.
[39] Förster, S. 361.
[40] Sun Tzu, S. 16.

3.1 Zur Person Sun Tzus

Sun Tzu wurde um 500 v. Chr. in China im Königreich Wu geboren und war ein chinesischer General und Militärstratege. Sein Werk *Die Kunst des Krieges* gilt als frühester bekannter Beitrag über Strategie und ist bis zum heutigen Tage eines der bedeutendsten zu diesem Thema. Über das Leben von Sun Tzu ist nicht viel bekannt.

Folgende Anekdote über Sun Tzu findet man in Clavells Vorwort: Im Reich Wu hatte er beim Kaiser eine Audienz, in der er mit ihm über sein Buch diskutierte. Der Kaiser stellte Sun Tzu auf die Probe, indem er befahl, dass er aus seinen 180 Hofdamen Soldaten machen sollte. Sun Tzu ernannte die beiden Lieblingskonkubinen des Kaisers zu Gruppenführerinnen. Er erklärte ihnen einige Befehle, um sie dann exerzieren zu lassen. Als Sun Tzu fertig war und den ersten Befehl gab, fingen die Mädchen an zu lachen. Sun Tzu antwortete darauf: "*Wenn die Kommandoworte nicht klar und deutlich sind, wenn die Befehle nicht richtig verstanden werden, dann trifft die Schuld den General.*"[41] Sun Tzu gab den Mädchen einen weiteren Befehl, doch diese fingen wieder nur an zu lachen. Sun Tzu erwiderte darauf: „*Wenn die Kommandos nicht klar und deutlich sind, wenn die Befehle nicht richtig verstanden werden, dann trifft die Schuld den General. Sind die Befehle jedoch klar und die Soldaten gehorchen dennoch nicht, dann ist das die Schuld der Offiziere*". Danach gab er den Befehl, die beiden Lieblingskonkubinen, die die Kompanien befehligten, zu enthaupten. Nach den Enthauptungen folgten die Hofdamen seinen Kommandos. Der Kaiser war erschüttert über diese Tat, doch er erkannte, dass Sun Tzu ein fähiger General war.[42]

3.2 Die Kunst des Krieges

Die Kunst des Krieges ist derzeit das meistzitierteste Werk der Militärstrategie im Wirtschaftsleben. Sein Einfluss in der westlichen Managementlehre beginnt mit der Verwendung durch Clavell in seinem Roman Nobel House von 1981, dessen Charaktere ihren Erfolg darauf begründeten, dass sie sich an die Regeln von Sun Tzu hielten. In demselben Jahr erschien eine englische Ausgabe des Originaltextes von Clavell. Ab diesem Zeitpunkt traf man im Wirtschaftsleben häufiger auf Sun Tzu. 1987 fand Sun Tzu sogar den

---

[41] Sun Tzu, S. 13.
[42] Ebenda, S. 12.

Weg nach Hollywood, und zwar im Kinofilm *Wallstreet*[43], in dem der Hauptdarsteller seinen Erfolg ebenso auf die Lehren Sun Tzus gründet. *Die Kunst des Krieges* besteht aus 13 Kapiteln. Die folgenden Überschriften sind entsprechend Clavells Ausgabe des Werkes von Sun Tzus zitiert und enthalten eine Zusammenfassung der wesentlichen Punkte.

3.2.1 Zusammenfassung des Originaltextes

Das erste Kapitel heißt **Planung**: „*...Die Kunst des Krieges ist für den Staat von entscheidender Bedeutung. Sie ist eine Angelegenheit von Leben und Tod, eine Straße, die zur Sicherheit oder in den Untergang führt...*"[44] Sun Tzu definiert fünf wichtige Variablen, nämlich Weg, Wetter, Gelände, Führung und Disziplin. Der Weg veranlasst die Menschen, das gleiche Ziel wie die Führung zu verfolgen, so dass sie bereit sind, Leben und Tod zu teilen. Mit Wetter sind Veränderungen wie Kälte und Wärme sowie die Jahreszeiten gemeint. Das Gelände muss in Bezug auf Nahes und Fernes, Schwieriges und Leichtes, Weites und Enges, Überleben und Sterben beurteilt werden. Führungsqualität ist eine Sache der Intelligenz, der Glaubwürdigkeit, der Menschlichkeit, des Mutes und der Strenge. Disziplin bedeutet Organisation, klare Aufteilung der Pflichten und Logistik. Anhand dieser Kriterien analysiert man auch die Wettbewerber und kann folglich so feststellen, wer gewinnen und wer verlieren wird. Ist der Gegner stark, dann soll man ihm ausweichen. Ist er leicht erregbar, dann soll man ihn reizen. Um seine Feinde zu schwächen, soll man zwischen ihnen Zwietracht säen. Angreifen soll man, wenn der Gegner unvorbereitet ist, und einen Schachzug machen, wenn er es am wenigsten erwartet. Wer viele strategisch günstige Faktoren für sich geltend machen kann, wird gewinnen, wer wenige strategisch günstige Faktoren für sich geltend machen kann, wird verlieren.

Kriegführung ist das zweite Kapitel. „*...Dein großes Ziel im Krieg soll der Sieg sein und kein langwieriger Feldzug...*"[45] Sun Tzu empfiehlt die schnelle Kriegsführung, denn langwierige Operationen erschöpfen die Kräfte und verbrauchen zu viele Ressourcen. Wer sich also der Nachteile eines Einsatzes von Waffen nicht voll und ganz bewusst ist, der kann sich auch der Vorteile eines Einsatzes von Waffen nicht

---

[43] Wallstreet, Oliver Stone, 1987.
[44] Sun Tzu, S. 21.
[45] Ebenda, S. 32.

voll und ganz bewusst sein. Daher ist das Wichtigste in einer militärischen Unternehmung der Sieg und nicht das Durchhaltevermögen.

Das Dritte Kapitel trägt den klangvollen Titel „**Das Schwert in der Scheide**" und behandelt den Sieg ohne Kampf. *„...Die größte Leistung besteht darin, den Widerstand des Feindes ohne einen Kampf zu brechen..."*[46] Daher besiegt der, der die Kunst des Krieges beherrscht, die Kräfte der anderen ohne Kampf. Ziel ist es, mit einer Strategie, die auf einen vollständigen Sieg ausgerichtet ist, nach der Überlegenheit zu streben. Nach Sun Tzu ergibt sich folgende Erfolgsformel: Man muss vorbereitet sein und wissen, wann man wie viele Ressourcen wo einsetzen muss. Wenn alle Beteiligten dasselbe Ziel verfolgen und die Führungskraft nicht von dem Herrscher behindert wird, wird man erfolgreich sein. Deshalb heißt es: Wenn man die anderen und sich selbst kennt, wird man auch in hundert Schlachten nicht in Gefahr schweben; wenn man die anderen nicht kennt, sondern nur sich selbst, dann wird man einmal siegen und einmal verlieren; wenn man aber weder die anderen noch sich selbst kennt, wird man in jeder Schlacht in Gefahr sein.

Im vierten Kapitel geht es um **Taktik**. *„...Man kann wissen, wie man siegt, ohne fähig zu sein, es zu tun..."*[47] Denn Unbesiegbarkeit liegt an einem selbst, Verwundbarkeit liegt am Gegner. Man kann also sich selbst unbesiegbar, aber den Gegner nicht verwundbar machen. So kann es vorkommen, dass man eine Möglichkeit zum Sieg zwar erkennen, diese aber nicht herbeiführen kann. Unbesiegbarkeit ist eine Sache der Verteidigung, Verwundbarkeit ist eine Sache des Angriffs. Siege sind kein Zufall, weil die Anführer dort Stellung beziehen, wo sie mit Sicherheit siegen werden. Es gibt **fünf Regeln** der Kriegskunst: Messungen, Schätzungen, Analysen, Vergleiche und Sieg. Das Terrain führt zu Messungen, Messungen führen zu Schätzungen, Schätzungen führen zu Analysen, Analysen führen zu Vergleichen, Vergleiche führen zum Sieg. Daher hat eine siegreiche Armee bereits vor der Schlacht mehr Vorteile auf ihrer Seite. Man kann also schon vorher wissen, wer gewinnen wird, wenn man die beiden Seiten genau vergleicht.

---

[46] Sun Tzu, S. 35.
[47] Ebenda, S. 43.

Energie heißt das nächste Kapitel. *„...Die Führung einer großen Streitmacht ist im Prinzip das gleiche wie die Führung einiger weniger Männer: Es kommt nur darauf an, [...] Zeichen und Signale festzulegen..."*[48] Im Kampf führt das Direkte zur Konfrontation, das Überraschende führt zum Sieg. Es existieren nur fünf Grundfarben, aber ihre Variationen sind so zahlreich, dass man sie nicht alle sehen kann. Es gibt nur zwei Arten von Angriff, den unkonventionellen Überraschungsangriff und den konventionellen direkten Angriff, aber die Variationen des Konventionellen und Unkonventionellen sind unzählbar. Deshalb sucht der erfolgreiche Anführer die Wirksamkeit in der Schlacht im Zusammenspiel der Kräfte und nicht im einzelnen Individuum. Weiterhin ist er fähig, andere richtig auszuwählen und die Umstände für sich arbeiten zu lassen.

Weiter geht es mit **schwachen und starken Punkten**. *„...Wer als erster auf dem Felde ist und das Kommen des Feindes erwartet, der ist für den Kampf ausgeruht; wer als zweiter aufs Feld kommt und zur Schlacht eilt, der trifft erschöpft ein..."*[49] Man bewirkt, dass der Gegner zu einem kommt. Das, was den Gegner zu einer Handlung bewegt, ist die Aussicht auf einen Vorteil. Das, was den Gegner davon abhält, ist die Aussicht auf Schaden. Das Verhalten des Gegners hängt also davon ab, wie er seine Chancen bei einer bestimmten Handlung einschätzt. Man soll dort erscheinen, wo der Gegner nicht hingelangen kann und wo er es am wenigsten erwartet. Will man sicher gehen, dass man das Angegriffene auch erobern kann, muss man eine Stellung angreifen, die nicht verteidigt wird. Ebenso soll man dafür sorgen, dass die verteidigten Stellungen gar nicht erst angegriffen werden können. Wenn man es richtig macht, weiß der Gegner nicht, wo er sich verteidigen oder angreifen soll. Wenn man den Gegner dazu bewegen kann, eine Formation zu bilden, während man selbst formlos ist, sind die eigenen Kräfte konzentriert, während die des Gegners aufgeteilt sind. Daher ist die Form des Sieges in einem Krieg nicht wiederholbar, sondern passt sich in unendlicher Vielfalt den Umständen an. Wer fähig ist zu siegen, indem er sich dem Gegner entsprechend wandelt und anpasst, verdient es, ein Genie genannt zu werden.

Kapitel sieben handelt von **Manövern**. *„...Die Schwierigkeit [der taktischen Manöver] besteht darin, das Ungezielte in Gezieltes zu verwandeln,*

---

[48] Sun Tzu, S. 49.
[49] Ebenda, S. 57.

das Unglück in den Sieg..."⁵⁰ Wenn man sich nach dem Gegner in Bewegung setzt und vor ihm ankommt, beherrscht man die Strategie, Fernes in Nahes zu verwandeln. Man erwartet ausgeruht die Erschöpften und gesättigt die Hungrigen. So beherrscht man die Stärken. Man soll eine Armee, die sich auf dem Rückzug befindet, nicht aufhalten und einer umzingelten Armee einen Ausweg offen lassen.

Das achte Kapitel heißt **taktische Varianten** „*...Schlage kein Lager auf, wenn du in schwierigem Gelände bist. Schließe dich in Gegenden, wo sich große Straßen kreuzen mit deinen Verbündeten zusammen. Halte dich nicht lange in gefährlich isolierten Positionen auf. Wenn du eingeschlossen wirst, musst du eine Kriegslist anwenden. Wenn du in einer hoffnungslosen Position bist, musst du kämpfen...*"⁵¹ Wenn ein General also alle Möglichkeiten der Anpassung kennt, um sich die Vorteile des Terrains zunutze zu machen, dann weiß er, wie militärische Kräfte einzusetzen sind. Weiß er es nicht, mag er zwar die Beschaffenheit des Terrains kennen, wird aber keinen Nutzen daraus ziehen können. Was daher den Gegner in Schach hält, ist die Androhung von Schaden; was ihn motiviert, ist ein Gewinn. Die Kunst des Krieges lehrt nicht, darauf zu hoffen, dass der Feind nicht kommt, sondern darauf zu vertrauen, dass man bereit ist, ihm zu begegnen. Für einen General gibt es fünf Charakterzüge, die gefährlich sind: Unbekümmertheit, da sie zum Tod führt; Feigheit, da sie zur Gefangennahme führt; empfindliches Ehrgefühl, das für Scham empfänglich ist; und ein ungezügeltes Temperament, das durch Beleidigungen provoziert werden kann; letztlich die übergroße Sorge um das Wohl der Soldaten, die anfällig macht für Kummer, denn am Ende leiden die Truppen mehr unter einer Niederlage.

Die **Armee auf dem Marsch** heißt das neunte Kapitel. „*...Wer nicht voraus denkt, sondern seine Gegner leicht nimmt, wird gewiss von ihnen gefangen...*"⁵² Dieses Kapitel erläutert die militärischen Möglichkeiten, Stellung zu beziehen und hat keine Relevanz für das Wirtschaftsleben, ausgenommen der Aussage, den Gegner nicht zu unterschätzen. Ebenso findet das Terrain in Kapitel zehn nur bedingt Verwendung in der modernen Geschäftswelt. Was jedoch interessant ist, sind die Fehler der Befehlshaber, die zur Niederlage führen: das Versäumnis, die Stärke des Feindes einzuschätzen; das Fehlen von

---

[50] Sun Tzu, S. 67.
[51] Ebenda, S. 79.
[52] Ebenda, S. 87.

Autorität; unzureichende Ausbildung; ungerechtfertigter Zorn; Nichtbeachtung der Disziplin und das Versäumnis, ausgewählte Männer einzusetzen. Weisen also die Regeln des Krieges auf einen sicheren Sieg hin, dann ist es angemessen anzugreifen, selbst wenn die Regierung keinen Kampf will und umgekehrt. Wenn man weiß, dass die eigenen Soldaten fähig sind anzugreifen, aber nicht weiß, ob der Gegner unangreifbar ist, dann hat man nur den halben Weg zum Sieg zurückgelegt. Dasselbe gilt, wenn der Gegner angreifbar ist, aber man nicht weißt, ob die eigenen Soldaten fähig sind, einen solchen Angriff durchzuführen.

In Kapitel elf, **Terrain**, heißt es *„...Die Kunst des Krieges kennt neun Arten des Geländes..."*[53] Auch diese sind in der heutigen Geschäftswelt nicht relevant. Einzig Ingmar P. Brunken[54] leitet hieraus seine „9S Entscheidungsmatrix" ab. Zudem rät Sun Tzu in diesem Kapitel, den Gegner zu täuschen, indem man Unschuld vortäuscht und, wenn sich die Gelegenheit bietet, schnell zuschlägt. *„[...] zeige zuerst die Schüchternheit eines Mädchens, bis dein Feind den ersten Zug macht; danach entwickle die Geschwindigkeit eines rennenden Hasen, und für den Feind wird es zu spät sein, sich dir zu widersetzen."*[55]

Der in Kapitel zwölf erläuterte **Angriff durch Feuer** lässt sich nur schwer in die heutige Geschäftswelt übertragen.

Das letzte Kapitel, der **Einsatz von Spionen**, ist jedoch auch heute noch so aktuell wie vor 2.500 Jahren. *„[...] ist es der Gipfel der Unmenschlichkeit, über die Verfassung des Feindes im unklaren zu bleiben, nur weil man die Ausgabe von hundert Unzen Silber für Belohnungen und Sold scheut."*[56] (Vor)wissen kann nicht Geistern und Dämonen entlockt werden; es kann nicht durch Analogien abgeleitet werden; es kann nicht durch Berechnungen ermittelt werden. Es muss von Menschen erworben werden, die die Umstände des Gegners kennen. Es gibt fünf Arten von Spionen: der eingeborene Spion, der Insider-Spion, der übergelaufene Spion, der todgeweihte Spion und der überlebende Spion. Ortsansässige Spione werden unter der Bevölkerung eines Ortes angeworben. Innere Spione werden unter den feindlichen Offizieren rekrutiert. Doppelspione werden unter den feindlichen Spionen angeworben. Todgeweihte Spione lassen den

---

[53] Sun Tzu, S. 115.
[54] Brunken, S. 54.
[55] Sun Tzu, S. 140.
[56] Ebenda, S. 151.

gegnerischen Spionen falsche Nachrichten zukommen. Lebendige Spione kehren zurück, um Bericht zu erstatten. Wenn etwas, das eigentlich Gegenstand von Spionagetätigkeit ist, bekannt wird, noch bevor der Spion davon berichtet hat, müssen sowohl der Spion als auch derjenige, der darüber gesprochen hat, sterben. Vor jedem Angriff muss man immer zuerst die Identität der verantwortlichen Generäle, ihrer Vertrauensleute, ihrer Besucher, ihrer Torhüter und ihrer Kammermeister kennen.

3.2.2 Fazit

Sun Tzus Buch ist im Vergleich zum europäischen Pendant *Vom Kriege*[57] von Carl von Clausewitz, 1832 posthum erschienen, recht dünn, aber nicht weniger aussagekräftig. Clausewitz war ein bedeutender Heerführer in den napoleonischen Kriegen und gilt als der bedeutendste Kriegswissenschaftler und Kriegsphilosoph seiner Zeit, da er sich auch mit dem Krieg aus philosophischer Sicht befasst hat. Sein Hauptwerk *Vom Kriege* hat alleine fast 400 Seiten und berücksichtigt auch das Thema Strategie. Im Gegensatz zu ihm verzichtet Sun Tzu auf lange Argumentationsketten und Begründungen und stellt seine Ansichten eher in der Form von Postulaten und Aphorismen dar, was dem typisch chinesischen Stil entspricht. Sicherlich liegt es auch daran, dass die Kriegskunst zu Zeiten weiterentwickelt und komplexer geworden war; aber gerade diese generalisierte Form Sun Tzus erlaubt es heute, seine Regeln auszulegen und somit besser auf die heutigen wirtschaftlichen Verhältnisse zu adaptieren. Dies ist bei den detaillierten Erläuterungen Clausewitz bedeutend schwieriger. Michael I. Handel[58] zeigt in seinem Vergleich[59] die Unterschiede der beiden Strategen. Clausewitz sagt, dass der Krieg die Fortsetzung der Politik mit anderen Mitteln[60] sei, dessen Ziel es ist, dem Gegner seinen Willen aufzuzwingen, indem man ihn *niederwirft*. Anders denkt Sun Tzu, der mit der Mahnung be-

---

57 Clausewitz, Vom Kriege, Rowohlt Taschenbuch, 13. Auflage, 1978.
58 Handel, Masters of War: Classical Strategic Thought, 3. Auflage, 2001.
59 Handel, S. 22.
60 Dies ist natürlich nur die verkürzte populäre Darstellung des clausewitzschen Gedankens, in "Vom Kriege" ließt es sich folgendermaßen: "So sehen wir also, daß der Krieg nicht bloß ein politischer Akt, sondern ein wahres politisches Instrument ist, eine Fortsetzung des politischen Verkehrs, ein Durchführen desselben mit anderen Mitteln", Clausewitz, 1. Buch, 1. Kapitel, S.34.

ginnt, dass der Krieg ein großes Wagnis sei und Ausgangspunkt für Leben und Tod. Sun Tzu legt sehr viel Wert darauf, dass der Krieg und der Kampf möglichst vermieden werden sollten, da er den Staat und das Volk ruiniert. Seiner Ansicht nach ist es am besten, die Strategie des Feindes zu vereiteln; als zweitbesten Ansatz empfiehlt er, die Bündnisse des Feindes aufzubrechen, und erst an dritter Stelle soll der Kampf folgen. Clausewitz hingegen sieht die Gewalt als bestes und erstes Mittel, da sie am effektivsten ist. Während Sun Tzu den größten Sieg in der Zielerreichung ohne Kampf sieht, plädiert Clausewitz für das Prinzip der Vernichtung, da ein Sieg die Vernichtung der militärischen Ressourcen des Gegners beinhaltet. Bei der Wahl der Mittel würde Sun Tzu lieber durch Täuschung gewinnen, während Clausewitz die Konzentration der Kräfte bevorzugen würde. In diesem Punkt haben Clausewitz Theorien deutlich mehr Ähnlichkeit mit dem fernöstlichen Strategen Musashi.

Aus Sun Tzu Werk lassen sich insgesamt sechs wesentliche Punkte ableiten, die zum militärischen Erfolg führen:

1. **Die gute Sache**. Jeder Anführer muss für eine gute Sache in den Krieg ziehen, sonst sind die Truppen nicht optimal motiviert.

2. **Führung**. Der Anführer muss weise und mutig, aber auch streng und wohlwollend sein, sonst werden ihm seine Truppen nicht folgen.

3. **Umweltbedingungen**. Wenn man plant, muss man sich immer der Umweltbedingungen bewusst sein. Änderungen bei diesen können selbst den besten Plan vereiteln.

4. **Terrain**. Der Befehlshaber muss sich mit dem Gelände vertraut machen, sonst fallen seine Truppen Überraschungsangriffen zum Opfer.

5. **Organisation und Disziplin**. Um in einer militärischen Konfrontation die Oberhand zu erlangen und Chaos zu vermeiden, müssen die Truppen gut organisiert und diszipliniert sein.

6. **Spionage**. Sun Tzu erklärt die verschieden Arten von Spionen und ihren Einsatz (ortsansässig, Insider, Doppelspion, todgeweiht und lebendig). Ohne Spione ist es unmöglich, zuverlässige Information und Erkenntnisse über den Gegner zu bekommen. Denn,

„...wenn Du den Feind und dich selbst kennst, brauchst Du den Ausgang von hundert Schlachten nicht zu fürchten..."[61].

3.3 Moderne Betrachtung

Der Aufwind des Elements Strategie im Berufsleben hat zahlreiche westliche Autoren dazu bewogen, Bücher zu veröffentlichen, in denen die 2500 Jahre alten Grundsätze des Meisters Sun Tzu aufgearbeitet und an die heutigen Bedürfnisse angepasst werden. Der erste westliche Autor, der Sun Tzus Werk eingehender studierte war Romanautor James Clavell, während er zur Recherche seines Romans *Nobel House*[62] in Hong Kong verweilte. Seine Ausgabe des Textes von Sun Tzu veröffentlichte er erstmals 1983. Erst circa 25 Jahre später schrieb Donald Krause 1995 sein Buch *Sun Tzu - The Art of War for Executives*[63]. In diesem löste er sich von dem Aufbau der 13 Kapitel des Originals und fasst es inhaltlich in zehn Prinzipien zusammen. Im Jahr 2000 erschien Mark McNeillys Werk *Sun Tzu and the Art of Business: Six Strategic Principles for Managers*[64]. Während Krause noch 10 Prinzipien extrahiert, subsumiert McNeilly aus Sun Tzus Werk nur noch sechs Grundsätze. Gerald Michaelsons Buch *Sun Tzu: The Art of War for Managers - 50 Strategic Rules*[65] von 2001 enthält dagegen 50 Regeln, die es zu beachten gilt. Der erste deutsche Titel *Sun Tzu für Manager. Die 13 ewigen Gebote der Strategie* von Werner Schwanfelder erschien erst 2004. Ohne sich an die Kapitelstruktur zu halten, leitet er aus dem Gesamtwerk 13 Gebote ab. Das letzte hier behandelte Buch über Sun Tzu stammt von Ingmar P. Brunken aus dem Jahr 2005. Brunken begnügt sich in seinem Werk *Die 6 Meister der Strategie und wie Sie beruflich und privat davon profitieren können* nicht damit, nur Sun Tzu, von dem er 15 Lektionen ableitet, für das heutige Leben zu interpretieren, sondern behandelt daneben noch *Das Buch der Fünf Ringe* und das *Hagakure*, sowie die westlichen Vertreter, Clausewitz, Machiavelli und Seneca.

---

[61] Sun Tzu, S. 11.
[62] Clavell, Nobel House, 1991.
[63] Krause, Sun Tzu, 1996.
[64] McNeilly, Sun Tzu – The Art of War for Executives, 1996.
[65] Michaelson, Sun Tzu: The Art of War for Managers - 50 Strategic Rules, 2001.

3.3.1 Donald G. Krause: The Art of War for Executives

Donald G. Krause war, wie bereits erwähnt, der erste westliche Autor, der Sun Tzus Regeln der Kriegskunst für Manager interpretierte. Sein Buch erschien 1995, ist also gerade etwas über zehn Jahr alt und dies zeigt eigentlich sehr gut, wie neu diese Entwicklung ist. Donald G. Krause ist Direktor der Operation Research Consulting und Buchautor. Zuvor war er in verschiedene Managementpositionen tätig, sowie als Lehrbeauftragter an der Universität von Michigan. Mit seinem Buch *Sun Tzu - The Art of War for Executives* verfasst er eine konzentrierte Zusammenfassung von Sun Tzus altem Wissen, das er allen Führungskräften und Managern als Handbuch für die tägliche Arbeit empfiehlt. Krause möchte anderen Managern damit die Arbeit ersparen, selbst die 13 Kapitel Sun Tzus auf die heutigen Verhältnisse zu adaptieren. Er stellt seine zehn Prinzipien nach Sun Tzu auf, die für die heutigen Schlachten, nämlich die Informationsschlachten, gelten. Dieser Ratgeber erläutert mit Beispielen die jeweiligen Regeln und ihre immer noch gültige Relevanz.

3.3.1.1 Zehn Prinzipien nach Sun Tzu

Erstes Prinzip: *„Lerne zu kämpfen"*[66]. Der Wettbewerb ist heutzutage unvermeidbar. Daher ist auch ein Konflikt unvermeidbar. Es gilt diesen aber nur zu suchen, wenn etwas zu gewinnen ist oder Gefahr droht, etwas zu verlieren, wenn man nicht handelt. Sofern der Konflikt unvermeidbar ist, sollte er möglichst ohne Emotionen geführt werden.

Zweites Prinzip: *„Zeige den Weg"*[67]. Führung alleine entscheidet über Sieg oder Niederlage. Gute Führung kommt von sieben Charaktereigenschaften: Selbstdisziplin, man hält sich an die eigene Regeln; Zielstrebigkeit, man hat ein Ziel und arbeitet hart darauf hin; Ergebnisorientiertheit, man erwartet Ergebnisse und erreicht sie; Verantwortung, man übernimmt die Verantwortung für seine Entscheidungen und Handlungen; Wissen, man hat und verbessert ständig seine Kenntnisse; Teamfähigkeit, man arbeitet kooperativ mit anderen auf ein gemeinsames Ziel hin; Vorbildfunktion, man weist anderen den Weg anhand der eigenen Handlungen.

---

[66] Krause, Sun Tzu, S. 109.
[67] Ebenda, S. 110.

Drittes Prinzip: *„Tue es richtig"*[68]. Jeder Wettbewerbsvorteil beruht auf Entscheidungen des Topmanagements. Planung ist wichtig, aber die Handlung ist die Quelle des Erfolgs. Denn ohne effektive Handlungsweise ist die Planung nur eine theoretische Übung. Um zu gewinnen, muss man also die richtigen Dinge zur richtigen Zeit tun.

Viertes Prinzip: *„Kenne die Fakten"*[69]. Um erfolgreich zu sein, braucht man Informationen. Informationen sind das Lebensblut der Geschäftswelt. Sie bestimmen die Wahrscheinlichkeit des Erfolgs. Wenn ausreichend zuverlässige Information vorliegen, ist der Sieg gewiss. Es gibt zwei Aspekte der Information, die Sammlung von Information und deren Verteilung. Man muss also Informationen sammeln, um gute Entscheidungen treffen und gleichzeitig dem Gegner die falschen Informationen zuspielen zu können.

Fünftes Prinzip: *„Erwarte das Schlimmste"*[70]. Man soll nicht auf das Beste hoffen, sondern das Schlimmste erwarten und sich darauf vorbereiten.

Sechstes Prinzip: *„Ergreife die Gelegenheit"*[71]. Das Ziel im Wettbewerb ist es zu gewinnen. Der wichtigste Erfolgsfaktor ist die Geschwindigkeit. Um zu gewinnen muss man also die Dinge einfach gestalten. Einfache Dinge sind effektiv und kostengünstig. Man sollte zuerst diese ausprobieren, denn sollten sie nicht erfolgreich sein, hat man immer noch Zeit, sich etwas anderes auszudenken. Dem Wettbewerb einen Schritt voraus zu sein, ist mehr wert als ein anderer Vorteil. Wenn man in Führung ist, müssen die anderen reagieren. Geschwindigkeit und Innovation sind der Schlüssel, um in Führung zu bleiben. Erfolgreiche Strategien meiden schwierige und langwierige Methoden und suchen einfache und schnelle Lösungen.

Siebtes Prinzip: *„Verbrenne die Brücken"*[72]. Wenn die Mitarbeiter in ihrem Ziel vereint sind, kann sie nichts aufhalten. Sun Tzu rät, sich und seine Leute in eine Position der Gefahr zu positionieren, damit sie alle ein gemeinsames Ziel haben. Ein erfolgreicher Anführer

---

[68] Krause, Sun Tzu, S. 111.
[69] Ebenda, S. 111.
[70] Ebenda, S. 112.
[71] Ebenda, S. 113.
[72] Ebenda, S. 113.

treibt sein Team nach vorne und brennt die Brücken hinter ihnen ab. Motivation und Einsatz sind die Schlüssel der Führung. Man motiviert die Leute, indem man ihnen klare Anweisungen gibt und ihnen eine Belohung in Aussicht stellt. Man behandelt sie gut und bildet sie gut aus. Der Erfolg einer Organisation basiert auf dem einzelnen Mitglied.

Achtes Prinzip: *„Tue es besser"*[73]. Im Wettbewerb gibt es nur zwei Arten von Taktiken, die erwarteten und die unerwarteten. Die erfahrene Führungskraft kombiniert beide Arten, je nach Situation. Es sind aber die unerwarteten, innovativen Taktiken, die den Sieg bringen, denn dagegen kann der Gegner sich nicht gut verteidigen, weil er sich nicht darauf vorbereiten kann. Effektive Innovation muss nicht notwendigerweise kompliziert sein, denn oft sind es die kleinen Verbesserungen, die den größten Erfolg bringen. Eine große Anzahl einfacher Verbesserungen kann einen großen Unterschied in der Leistung bringen. Die Führungskräfte, die Innovationen und deren Einsatz fördern, haben somit eine unerschöpfliche Ressource im Wettbewerbsstreit.

Neuntes Prinzip: *„Ziehe zusammen"*[74]. Organisation, Training und Kommunikation sind die Grundlagen des Erfolgs. Je besser das Training, desto besser die Kontrollmöglichkeit. Wenn die Organisation und das Training unklar sind, kann man sich nicht auf seine Leute verlassen. Das Training darf aber nicht langweilig sein, da es sonst Zeitverschwendung wäre. Eine gute Weiterbildung ist interessant und vermittelt Verständnis. Und ein gemeinsames Verständnis ist wiederum notwendig für eine klare Kommunikation.

Zehntes Prinzip: *„Lasse sie im Ungewissen"*[75]. Die besten Wettbewerbsstrategien haben keine erkennbare Form. Ist die Strategie nicht erkennbar, kann der Gegner sie nicht aktiv verhindern, er kann nur reagieren. Folglich hat man einen Vorteil, denn selbst wenn der Gegner mehr Ressourcen hat, kann er sie nicht gezielt einsetzen, da man die Bedingungen kontrolliert. Mit dieser Kontrolle kann man diktieren, wann und wo eine Auseinandersetzung stattfinden soll; man bewahrt sie sich, indem man seine Strategie verheimlicht. Um

---

[73] Krause, Sun Tzu, S. 114.
[74] Ebenda.
[75] Ebenda, S. 115.

die Kontrolle zu erlangen, muss man etwas besetzen, das der Gegner will oder braucht. Zeigt er eine Schwäche, muss man schnell und ohne Vorwarnung handeln. Um mit einem direkten Angriff erfolgreich zu sein, benötigt man Täuschung. Je weniger der Mitbewerber über die eigenen Absichten weiß, desto besser. Denn wenn er sich an vielen Orten auf die Verteidigung vorbereiten muss, ist er überall schwach.

3.3.1.2 Fazit

Krauses zehn Grundsätze, lassen sich folgendermaßen zusammenfassen:

- Stelle Dich dem Kampf!
- Führe andere in den Kampf!
- Handle umsichtig!
- Halte Dich an Tatsachen!
- Sei auf das Schlimmste vorbereitet!
- Handle rasch und unkompliziert!
- Breche die Brücken hinter Dir ab!
- Sei innovativ!
- Sei kooperativ!
- Lass Dir nicht in die Karten sehen!

Die eigentliche Botschaft Sun Tzus, nämlich den Feind ohne Kampf zu besiegen, wird hierbei nicht gewürdigt. Es fehlt ebenso eine Betonung darauf, dass es stets gilt, möglichst viel Wissen zu sammeln, bevor entschieden wird. Ingesamt erscheinen daher die 10 Grundsätze sehr populistisch und verkürzt.

3.3.2 Mark R. McNeilly: Sun Tzu and the Art of Business

Mark R. McNeilly ist als Stratege bei IBM beschäftigt und betätigt sich zusätzlich als Hobbyhistoriker und Militärforscher. Er entwickelt in seinem Buch *Sun Tzu and the Art of Business: Six Strategic Principles for Managers*[76], erschienen April 2006 bei Oxford University Press,

---

[76] McNeilly, Sun Tzu and the Art of Business: Six Strategic Principles for Managers, 1996.

sechs strategische Grundsätze. Hierbei löst er sich von der Struktur der 13 Kapitel und leitet seine Grundsätze oder Regeln aus dem Gesamtwerk ab. Die von ihm angeführten Beispiele stammen überwiegend aus modernen Militärkonflikten wie der Operation Desert Storm. Nachdem er die heutige Anwendbarkeit Sun Tzus im militärischen Umfeld aufgezeigt hat, überträgt er sie auf die Wirtschaft. Seine von Sun Tzu abgeleiteten Grundsätze formuliert er als allgemein gültig, unabhängig davon, ob sie bewusst oder unbewusst angewendet werden und vergleicht sie daher mit den Gesetzen der Physik. Er schrieb sein Buch, um von ihm gewonnene Erkenntnisse auch anderen zugänglich machen zu können, und ohne dass der Leser sich mit den Doppelungen und Unverständlichkeiten der Übersetzung des Originaltextes befassen muss.

3.3.2.1 Erster Grundsatz

„Erobere den Markt ohne ihn zu zerstören".[77]

Grundsätzlich ist es in einem Kampf besser, das Ziel "unversehrt" einzunehmen, als es zu zerstören. *„Daher ist es nicht die Krönung, den Feind in hundert von hundert Schlachten zu schlagen, sondern ihn ohne Kampf zu besiegen."*[78] Sun Tzu nennt dies Gewinnen ohne zu kämpfen. Da es das Ziel einer Unternehmung ist zu überleben und zu wachsen, muss man den Markt erobern, allerdings ohne ihn zu zerstören. Eine Firma kann dies auf verschiedene Weise tun: Indem sie sich auf die Teile des Marktes konzentriert, die noch nicht befriedigt sind, oder durch subtile indirekte Angriffe, die der Aufmerksamkeit des Wettbewerbs entgehen. Was auf jeden Preis vermieden werden sollte, ist ein Preiskampf. Untersuchungen haben ergeben, dass Angriffe über den Preis die schnellste und aggressivste Reaktion des Mitbewerbers verursacht, sowie die Rentabilität des Marktes am schnellsten reduziert.

3.3.2.2 Zweiter Grundsatz

„Meide die Stärken des Gegners und greife seine Schwächen an".[79]

Sun Tzu rät, die Stärken des Wettbewerbers zu meiden und stattdessen seine Schwächen anzugreifen. Der westliche Ansatz der

---

[77] McNeilly, S. 9.
[78] Sun Tzu, S. 35.
[79] McNeilly, S. 23.

Kriegsführung, nämlich der des direkten Angriffs, wird auch durch Manager in der Geschäftswelt angewendet. Dadurch greifen viele Unternehmen frontal am stärksten Punkt ihrer Gegner an. Dieser Ansatz führt im Wirtschaftsleben, wie auch in einem bewaffneten Konflikt, zu hohen Verlusten für alle Beteiligten. Stattdessen sollte man sich auf die Schwachpunkte des Mitbewerbers konzentrieren, um so seine Gewinne zu maximieren und gleichzeitig die eingesetzten Ressourcen zu minimieren. Dieses an sich erhöht schon den Gewinn.

3.3.2.3 Dritter Grundsatz

„Nutze (Vor-)Wissen und Täuschung um Information zu erlangen".[80]

„Wenn Du den Feind und dich selbst kennst, brauchst Du den Ausgang von hundert Schlachten nicht zu fürchten"[81], sagt Sun Tzu. Um die Schwächen des Konkurrenten zu finden, benötigt man ein gutes Verständnis seiner Strategie, seiner Fähigkeiten, Ideen und Ziele, sowie genaue Kenntnisse der eigenen Stärken und Schwächen. Ebenso ist es wichtig, die allgemeine Wettbewerbssituation und die Trends der Branche zu verstehen, um ein Gefühl für das „Gelände" entwickeln zu können, auf dem die Schlacht stattfindet. Zusätzlich gilt es natürlich den Mitbewerber davon abzuhalten, diese Strategie gegen einen selbst einzusetzen, sodass es äußerst wichtig ist, seine eigenen Pläne zu verschleiern.

3.3.2.4 Vierter Grundsatz

„Nutze Geschwindigkeit und Vorbereitung, um Deinen Gegner schnell zu überwinden".[82]

"Die Kunst des Krieges lehrt uns, nicht darauf zu hoffen, dass der Feind nicht kommt, sondern darauf zu bauen, dass wir bereit sind, ihn zu empfangen."[83]

Um Informationen und Täuschungen voll auszunutzen, muss man schnell reagieren können. Schnell zu reagieren bedeutet dabei nicht überhastet. In Wahrheit heißt es, dass man gut vorbereitet ist. Gute

---

[80] McNeilly, S. 40.
[81] Sun Tzu S. 11.
[82] McNeilly, S. 59.
[83] Sun Tzu, S. 82.

Vorbereitung reduziert die Zeit, die ein Unternehmen braucht, um eine Entscheidung zu treffen, ein Produkt zu entwickeln oder die Kunden zu befriedigen. Ebenso ist es wichtig, die Dinge zu durchdenken und mögliche Reaktionen der Mitbewerber auf die eigenen Angriffe abzuwägen.

3.3.2.5 Fünfter Grundsatz

„*Nutze Kooperationen und strategischen Druck um Deinen Gegner so handeln zu lassen, wie Du es willst*".[84]

"*Deshalb zwingt der kluge Kämpfer dem Gegner seinen Willen auf, doch er lässt nicht zu, dass der Gegner ihm den seinen aufzwingt.*[85]"

Die Wettbewerber zu „formen" heißt, die Regeln des Wettbewerbs zu verändern und Mitbewerber dazu zu bringen, eigene Ziele und Handlungen zu akzeptieren. Es bedeutet, die Kontrolle über eine Situation aus den Händen der Konkurrenz in die eigenen Hände zu nehmen. Ein Weg, dies zu erreichen, sind geschickte Allianzen. Indem man ein starkes Netz von Verbündeten aufbaut, beschränkt man die Handlungsmöglichkeiten der Gegner. Ebenso kann man bestimmte Aktionen diktieren, indem man strategische Schlüsselpositionen besetzt.

3.3.2.6 Sechster Grundsatz

„*Entwickle Dich zu einer Führungskraft und maximiere das Potenzial Deiner Mitarbeiter*".[86]

"*Wenn der General sein Vertrauen zu seinen Männern zeigt, doch immer darauf besteht, dass seine Befehle befolgt werden, dann werden beide einen Gewinn daraus ziehen.*[87]"

Um dieses strategische Konzept verwirklichen zu können, wird eine besondere Führungskraft benötigt, die zudem noch das volle Potenzial seiner Angestellten realisieren kann. Sun Tzu beschreibt die vielen Eigenschaften eines solchen Anführers: Er sollte weise, ehrlich, menschlich, mutig und streng sein. Er muss außerdem immer der erste bei der Arbeit sein und seine Interessen hinter denen seiner

---

[84] McNeilly, S. 90.
[85] Sun Tzu, S. 57.
[86] McNeilly, S. 117.
[87] Sun Tzu, S. 99.

"Truppen" zurückstellen. Es ist der Charakter des Chefs, der das meiste aus seinen Mitarbeitern herausholt. Diese Grundsätze wurden unzählige Male sowohl im militärischen als auch wirtschaftlichen Umfeld genutzt, um innovative Strategien und dauernden Erfolg zu erzielen.

3.3.2.7 Fazit

McNeilly sagt, wenn man diese Grundsätze richtig anwendet, wird man auch Erfolg haben. Sein Buch gibt insgesamt den Wortlaut Sun Tzus relativ genau wieder, ohne dass eine große Transferleistung erbracht wird. Was er jedoch vorbildlich macht, ist die etwas konfusen Einzelpunkte, die in verschiedenen Kapiteln des Original enthalten sind, gekonnt zusammen zu führen. So entfallen auch die Doppelungen, da bestimmte wichtige Punkte von Sun Tzu in mehreren Kapiteln aufgegriffen werden. Im Gegensatz zu Krause gibt McNeilly die Intention Sun Tzu gut wieder und arbeitet einige der wichtigsten Kernpunkte heraus. Neben Beispielen aus der Wirtschaft enthält McNeillys Buch häufig auch Beispiele aus der modernen Kriegsgeschichte. Diese sind jedoch für einen Manager nicht immer hilfreich, da sie nicht so einfach auf das Wirtschaftsleben übertragbar sind. Es ist zwar schön zu wissen, dass General Schwarzkopf die Befreiung Kuwaits mittels Täuschung, Geschwindigkeit und einem unerwarteten Angriff auf schwache Punkte des Irak erzielt hat, aber es beweist nicht, dass diese Strategie auch bei Unternehmen funktioniert. Dieser Umstand ist wohl darauf zurückzuführen, dass McNeillys Hobby-Militärhistoriker ist.

3.3.3 Gerald A. Michaelson: Sun Tzu: The Art of War for Managers

Gerald A. Michaelson, ehemaliger Vice President von Magnavox und bekannter Referent über Sun Tzu Werk *Die Kunst des Krieges*, hat zahlreiche Bücher über dieses Thema geschrieben. In seinen Büchern wendet er die militärischen Strategien Sun Tzus auf verschiedene Bereiche der heutigen Geschäftswelt an. Neben seinem Werk *Sun Tzu: The Art of War for Managers* schrieb er *Winning the Marketing War*[88] und *50 Ways to Close a Sale (and Keep the Customer for Life)*[89] und noch viele weitere, die alle auf Sun Tzus *Die Kunst des Krieges* basieren. Michaelson leitet in seinem

---

[88] Michaelson, Winning the Marketing War, 2004.
[89] Michaelson, 50 Ways to Close a Deal, 1994.

Buch *Sun Tzu: The Art of War for Managers - 50 Strategic Rules*, erschienen im Februar 2001 bei der Adam Media Corporation, aus Sun Tzus 13 Kapiteln seine 50 Regeln der Strategie ab. Diese 50 Regeln ordnet er, wie das Original von Sun Tzu, in denselben 13 Kapiteln an und fasst die Erkenntnisse der analogen Anwendung in den jeweiligen Kapiteln zusammen. Zudem führt Michaelson, ähnlich wie Krause, zahlreiche Persönlichkeiten aus Militär, Wirtschaft, Sport und Politik an, welche mit den Grundsätzen von Sun Tzu Erfolg hatten. Michaelson ist einer der erfolgreichsten Autoren von Adaptionen von Sun Tzu und hat darüber bereits zahlreiche Symposien in Amerika und in China gehalten. Er gilt als anerkannter Experte zum Thema Sun Tzu und hat großen Erfolg als Autor und Berater.

3.3.3.1 Kapitel 1: Planung

Aus dem ersten Kapitel leitet Michaelson drei strategische Regeln ab. Die erste ist, dass vorhandene Bedingungen sorgfältig analysiert[90] werden müssen. Zum besseren Verständnis erstellt er eine Matrix zur Analyse der Bedingungen, welche die Begriffe Sun Tzus in die des heutigen Marktes überträgt:

Sun Tzu	heutiges Wirtschaftsleben
Moralische Einflüsse	Vision und Mission
Wetter	Äußere Einflüsse
Terrain	Markt
Befehle	Führung
Doktrin	Schlüsselaussagen

Abbildung 4: Übertragung der Begriffe Sun Tzus ins heutige Wirtschaftsleben

Die zweite Regel rät, die verschiedenen Bedingungen zu vergleichen[91], das bedeutet: Welche Partei hat die Moral auf ihrer Seite? Welche Leute haben die besseren Fähigkeiten? Welche Seite kann die bestehenden Bedingungen besser ausnutzen? Welche Seite hat

---

[90] Michaelson, S. 4.
[91] Ebenda, S. 6.

die bessere Disziplin? Welche Seite ist stärker? Welche Seite ist besser ausgebildet? Welche Seite ist besser motiviert?

Sind diese Umstände evaluiert, sucht man laut Regel Nummer drei nach strategischen Wendepunkten[92], die über die bestehenden Regeln hinausgehen, also so genannte Vorteile oder vorteilhafte strategische Bedingungen. Des Weiteren gilt es, die eigene Stärke aufzubauen und das Unerwartete zu tun sowie andauernd die Stärken und Schwächen des Gegners zu analysieren.

3.3.3.2 Kapitel 2: Kriegsführung

Das zweite Kapitel liefert vier seiner Regeln: Sammle zunächst ausreichend Ressourcen[93], denn wenn die Ressourcen aufgebraucht sind und nicht wieder aufgestockt werden können, ist die Unternehmung bankrott. Mache die Zeit zu deinem Verbündeten[94], denn das Hauptziel ist der Sieg. Sinn und Zweck ist es, eine Operation weder zu übereilen, noch unnötig zu verzögern. Denn dauert eine Operation zu lange, werden die Ressourcen knapp, die Waffen stumpf und die Moral leidet, was sich wiederum der Gegner zu nutze machen kann. Also sind ein schneller Sieg und keine langen Operationen gefragt. Wer fähig ist, braucht keine extra Ressourcen. Weiterhin muss jeder von dem Sieg profitieren[95], d.h. geht ein Mitbewerber in Insolvenz, soll man dies ausnutzen, indem man seine Ressourcen akquiriert. Eine weitere Möglichkeit zu siegen ist, die Mitbewerber aufzukaufen und so ihre Mitarbeiter in seine Organisation einzubinden. Auf die Art gewinnt man und wird stärker. Letztlich muss man sein Handwerkszeug beherrschen[96], denn Ziel ist es zu gewinnen und nicht Zeit totzuschlagen. Manager, die ihr Handwerk verstehen, kontrollieren die Schlacht und erringen den Sieg.

3.3.3.3 Kapitel 3: Strategeme

Das Kapitel Strategeme liefert folgende Regeln: Gewinne ohne Kampf[97], indem man die Feinde zu Verbündeten macht. Die besten

---

[92] Michaelsom, S. 8.
[93] Ebenda, S. 12.
[94] Ebenda, S. 14.
[95] Ebenda, S. 16.
[96] Ebenda, S. 18.
[97] Ebenda, S. 22.

Siege sind die, die ohne Konflikt gewonnen werden können. Konkret geht man so vor: Man plant den Angriff, verhindert Allianzen gegen sich und wenn das nicht klappt, überlegt man, ob man kämpft. Wenn man angreift, dann sollte dies immer der Starke gegenüber dem Schwachen tun[98], denn je stärker man im Vergleich zu seinem Gegner ist, desto wahrscheinlicher ist der Sieg. Wenn man gleichstark ist, dann kämpft man nur, wenn man spezielle Fähigkeiten hat und damit irgendwie überlegen ist. Der Kleine kann den Großen nicht besiegen, der Schwache den Starken nicht und wenige nicht viele. Eine große Gefahr ist der „High-Level Dumb"[99], welcher auftritt, wenn die Befehlshaber am grünen Tisch, also ohne Kontakt zur tatsächlichen Lage, entscheiden. Denn, wer nicht am Ort des Geschehens ist, weiß nicht was abläuft und sollte nicht entscheiden. Ein Geschäft sollte nur der führen, der auch Erfahrung auf dem Gebiet hat. Regeln des Hauptquartiers sollten nicht unbedingt für weit entfernte Operationen gelten. Will man gewinnen, muss man sich an Sun Tzus fünf Grundprinzipien[100] halten, denn man muss wissen, wann man angreifen und verteidigen soll. Ist man überlegen, dann nutzt man die eine Strategie, ist man unterlegen eine andere. Man soll die Aktionen ausführen, die dringend notwendig sind, und sich auf Schwierigkeiten vorbereiten. Jedes Hauptquartier sollte vorsichtig damit sein, sich einzumischen.

3.3.3.4 Kapitel 4: Militärische Stärke

Für den erfolgreichen Einsatz militärischer Stärke gelten folgende Regeln: Sei unbesiegbar[101], denn die eigenen Handlungen bestimmen, ob man besiegt wird oder nicht. Das Handeln des Gegners bestimmt, ob man selbst gewinnen kann. Nur weil man weiß, wie man gewinnt, heißt es nicht, dass man auch gewinnt. Daher ist es einerseits wichtig die Verteidigung zu stärken, aber um zu gewinnen, muss man in die Offensive gehen. Also rät Sun Tzu, wenn man schwach ist, soll man sich verteidigen, wenn man stark ist, sich angreifen lassen. Die Taktiken in der Verteidigung sind andere als im Angriff. Hauptziel ist die Erlangung der strategischen Überlegen-

---

[98] Michaelson, S. 24.
[99] Ebenda, S. 26.
[100] Ebenda, S. 28.
[101] Ebenda, S. 32.

heit[102], denn die beste Strategie ist es, zu gewinnen ohne zu kämpfen. Diese setzt aber oft voraus, dass man über das Offensichtliche hinaus nach dem Außergewöhnlichen sucht. Die Strategie muss gut sein, damit man nicht besiegt wird und man jede gegebene Gelegenheit ausnutzen kann. Die siegende Seite, ist die Seite, die bereits vor Beginn als Sieger feststeht, weil die Bedingungen zu ihrem Vorteil waren. Die andere Seite, die verlieren soll, wird in der Hoffnung kämpfen zu gewinnen. Der Anführer der gewinnenden Seite versteht die Gesetze der Moral und Disziplin und hält sich strikt an diese. Hat man die notwendigen Informationen, kann man die eigenen Ressourcen konzentrieren[103]. Denn man entscheidet dann, wo man relative Überlegenheit erzielen und eine erdrückende Überlegenheit an dem entscheidenden Punkt erreichen kann. Ziel ist es, eine Eigendynamik (Momentum) zu erzeugen.

3.3.3.5 Kapitel 5: Einsatz von Energie

Aus dem Kapitel „Energie" leitet Michaelson drei grundlegende Regeln ab: Als primäres Hauptziel gilt es, eine stabile Organisation zu erschaffen[104], da Kontrolle eine Frage der Organisation und Kommunikation ist. Dieselben grundlegenden Prinzipien gelten unabhängig von der Größe der Organisation. Wenn man den Gegner konfrontiert, tut man dies mit außerordentlicher Kraft[105], denn wenn man den Gegner direkt konfrontiert, ist dieses normale oder direkte Kraft. Wenn man seine Schwachpunkte angreift, ist dieses außerordentliche oder indirekte Kraft. Die normale Kraft nutzt man, um den Gegner zu binden, und die außergewöhnliche, um zu gewinnen. Die Kombination von normaler und außerordentlicher Kraft ist ein endloser Kreislauf von direkten und indirekten Kontakten. Die Kunst ist es, die Eigendynamik (Momentum) und den richtigen Zeitpunkt (Timing)[106] zu koordinieren. Die eigenen Handlungen müssen eine Eigendynamik haben und zum richtigen Zeitpunkt stattfinden. Ob es Ordnung im vermeintlichen Chaos gibt, hängt von der Organisation ab. Wenn die Planung vorteilhafte Umstände erzeugt, dann ergibt sich der Vorteil der hohen Moral. Ob man stark

---

[102] Michaelson, S. 34.
[103] Ebenda, S. 36.
[104] Ebenda, S. 40.
[105] Ebenda, S. 42.
[106] Ebenda, S. 44.

oder schwach ist, hängt nur von den Vorbereitungen ab. Alle Kraft kommt von den Menschen, der Anführer kreiert lediglich die Möglichkeit des Sieges. Die Leute sollten nur nach ihren Fähigkeiten ausgewählt werden, nicht nach Sympathie. Die erzeugte Energie ist die kombinierte Energie aller Mitarbeiter und aller Ressourcen.

3.3.3.6 Kapitel 6: Schwächen und Stärken

Die erste Regel hier lautet, ergreife die Initiative[107], denn wer als erster auf dem Schlachtfeld ist, kann den Gegner in Ruhe erwarten. Wer später angehetzt kommt, kämpft erschöpft. Wer die Kriegskunst beherrscht, bringt den Gegner zu sich auf das Schlachtfeld und wird nicht gebracht. Hierzu bietet man dem Gegner einen Vorteil, damit er auf das gewählte Schlachtfeld kommt oder man tut Dinge, die verhindern sollen, dass er kommt. Der Gegner sollte, wenn möglich, überrascht[108] werden. Diese Überraschungen kann man planen, indem man, wenn der Gegner entspannt ist, ihn erschreckt, oder wenn er satt ist, ihn hungrig macht. Wenn er ausgeruht ist, bringt man ihn dazu sich zu bewegen. Ebenso ist er überrascht, wenn man sich schnell bewegt und er es nicht erwartet.

Hierzu erstellt Michaelson folgende Matrix[109]:

Angriff	Verteidigung
Um das zu bekommen, was Du angreifst, greife das Unbewachte an.	Um das zu halten, was Du verteidigst, verteidige einen Ort, der nicht angegriffen wird.
Gegen die Experten des Angriffs, weiß der Gegner nicht wie er verteidigen soll.	Gegen die Experten der Verteidigung, weiß der Gegner nicht, wo er angreifen soll.
Der, dessen Angriff unaufhaltsam ist, greift die Schwachpunkte des Gegners an.	Wer im Rückzug nicht verfolgt wird, bewegt sich so schnell, dass er nicht überholt werden kann.

Abbildung 5: Überraschung in Angriff und Verteidigung

---

[107] Michaelson, S. 48.
[108] Ebenda, S. 50.
[109] Ebenda, S. 176.

Man ist dort erfolgreich, wo man relative Überlegenheit[110] erlangt. Diese erreicht man indem man weiß, wo der Feind angreifen wird, ohne dass er es weiß. Dann kann man sich darauf konzentrieren, während der Feind sich aufteilen muss. So kann man seine Stärke nutzen, um einen Teil des Gegners anzugreifen, und wird daher überlegen sein. Der Feind darf aber nicht wissen, wo man angreifen wird, denn dann muss er sich überall auf einen Angriff vorbereiten. Bereitet er sich an vielen Orten vor, wird man überlegen sein, egal wo man angreift. Grundsätzlich gilt, wer weniger Ressourcen hat, muss sich auf seinen Gegner vorbereiten. Wer viele Ressourcen hat, lässt den Gegner sich vorbereiten. Letztlich gilt immer, wer mehr Wissen hat, ist im Vorteil. Daher ist das oberste Ziel immer das Streben nach Wissen[111], denn wer weiß, wo und wann die Schlacht geschlagen wird, kann alle seine Kräfte am richtigen Ort bündeln. Der Erfolg kann erzielt werden, selbst wenn der Feind überlegen ist. Einfach indem man ihn daran hindert, dass gekämpft wird. Kennt man den Plan des Gegners, weiß man, ob die Strategie gelingen wird oder nicht. Weiß man ihn nicht, kann man testen, wo seine Stärken und Schwächen liegen. Um aber dann reagieren zu können, muss man flexibel[112] sein. Denn Strategien verändern sich nicht mit der Zeit. Man ändert die Strategien, wenn sie zu offensichtlich werden. Wie das Wasser abwärts läuft und sich seinen Weg je nach Beschaffenheit des Untergrunds bahnt, soll man die Stärken des Feindes vermeiden und seine Schwächen suchen. Ebenso wie das Wasser keine feste Form hat, gibt es auch keine festen Bedingungen. Weil sich die Bedingungen ständig ändern, muss man auch dauernd seine Taktik anpassen.

3.3.3.7 Kapitel 7: Manöver

In diesem Kapitel erläutert Michaelson, dass man manövrieren muss, um einen Vorteil zu erlangen[113]. D.h. macht man die indirekteste Route zur direktesten, nutzt das Unglück zu seinem Vorteil, verwendet eine List und Veränderungen, um den Gegner zu verwir-

---

[110] Michaelson, S. 52.
[111] Ebenda, S. 55.
[112] Ebenda, S. 57.
[113] Ebenda, S. 60.

ren. Am Punkt des Angriffs benötigt man die kritische Masse[114], aber nicht alle seine Ressourcen. Denn wenn man alle Ressourcen sammeln will, dann wird man zu spät sein. Rückt man ohne ausreichende Ressourcen vor, wird man sie alle verlieren. Mit Manövern täuscht man seine Mitbewerber[115], denn der Sinn der Täuschung ist es, nicht den Gegner daran zu hindern, sein Ziel zu erreichen, sondern es ihn so spät erreichen zu lassen, dass er keinen Schaden mehr anrichten kann. Eine effektive interne Kommunikation[116] ist daher notwendig. Letztlich soll man einen mentalen Vorteil[117] erringen, indem man seine Ressourcen für den entscheidenden Einsatz schont und keine Schlachten schlägt, die man nicht gewinnen kann, und ebenso nicht das tut, was der Gegner von einem will, und sei es auch nur aus dem Grund, dass er es will.

3.3.3.8 Kapitel 8: Variationen der Taktik

Bezüglich der taktischen Varianten empfiehlt[118] Michaelson die Ressourcen zu sammeln und sich auf die Offensive zu konzentrieren. Nicht dort zu verweilen, wo kein Vorteil erzielt werden kann und nur zu kämpfen, wenn es keine Alternative gibt. Zu beachten ist, dass es geschäftliche Gelegenheiten, die man nicht nutzen sollte, Mitbewerber, die man nicht angreifen sollte, Parteien, mit denen man keine Geschäfte machen sollte, Positionen, die man nicht gewinnen kann und Anweisungen, die man nicht befolgen soll, gibt. Vorteile alleine sind nicht genug. Egal ob im Vorteil oder Nachteil, soll man immer die gegenteilige Lage bedenken und immer alle Blickwinkel durchleuchten. Um einen Vorteil zu erringen muss man immer überlegen, was der Gegner tun würde, um einen Vorteil zu erlangen. Man soll Anwälte und dergleichen nutzen, um dem Gegner Ärger zu bereiten. Grundlage ist immer die Verteidigung, daher soll man sich ausreichend auf die Verteidigungen vorbereiten[119]. Man soll sich nicht darauf verlassen, dass der Gegner nicht angreift, sondern erwarten, dass er es tun wird, und sich darauf entspre-

---

[114] Michaelson, S. 62.
[115] Ebenda, S. 64.
[116] Ebenda, S. 66.
[117] Ebenda, S. 68.
[118] Ebenda, S. 72.
[119] Ebenda, S. 74.

chend vorbereiten. Bezüglich der Führung gilt es folgende Fehler[120] zu vermeiden: Tapferkeit kann zu Unvorsichtigkeit und Vernichtung führen, übertriebene Vorsicht kann zu Feigheit und Niederlage werden; Wut führt zu Reizbarkeit und Anfälligkeit durch Provokationen; Übertriebenes Ehrgefühl führt zu Überempfindlichkeit und schlechten Reaktionen. Sorgen führen zu übertriebener Besorgnis und Fehlern.

3.3.3.9 Kapitel 9: Auf dem Marsch

Zwar befinden sich die meisten Manager nicht mehr viel auf dem Marsch, dennoch hat Michaelson, ein paar Regeln aus diesem Kapitel abgeleitet: Es gilt, immer starke Positionen zu besetzen[121], was gelingt, indem man Ressourcen behält, die seine Stärken verbessern. Indem man sich so positioniert, dass der Gegner im Nachteil ist und verhindert, dass er natürliche Stärken nutzt. Man sucht also immer nach dem übertragenen „high ground"[122] indem man sich um die Gesundheit seiner Leute kümmert, und keine gefährlichen Positionen besetzt. Die überlässt man dem Gegner und kämpft stets bergab. Um dann schnell reagieren zu können, muss man die Situation evaluieren[123], indem man nach Anzeichen sucht, um herauszufinden, welche Absicht der Gegner hat, die Stimmung und Handlungen der Mitarbeiter des Gegners analysiert und jeden Gegner als Bedrohung ansieht. Bezüglich der Mitarbeiter gilt, dass Disziplin die Treue fördert[124]. Daher behandelt man seine Angestellten menschlich, vermittelt ihnen aber den Sinn der Disziplin. Vertrauen muss gegenseitig sein, sonst existiert es nicht.

3.3.3.10 Kapitel 10: Terrain

Das Wort Terrain wird sehr oft von Sun Tzu benutzt. Hier ist es wohl im übertragenen Sinne am besten auf den Markt anwendbar, denn hier gilt, kenne das Schlachtfeld[125]. Es ist das Ziel, frühzeitig zu kommen, um die besten Positionen zu besetzen. In fraglichen Märk-

---

[120] Michaelson, S. 77.
[121] Ebenda, S. 82.
[122] Ebenda, S. 84.
[123] Ebenda, S. 86.
[124] Ebenda, S. 90.
[125] Ebenda, S. 94.

ten überlässt man es dem Mitbewerber, als erstes in den Markt einzutreten, um zu bestimmen, ob es dort Möglichkeiten gibt. Man soll seine Stärken in Nischenmärkten ausbauen, schwach verteidigte Segmente angreifen und profitable und einzigartige Märkte verteidigen. Weit entfernte Märkte können schwer zu bedienen sein und sind deshalb mit Vorsicht zu betreten. Bezüglich der Führung gelten die Gesetze der Führung[126], denn wenn der Anführer Stärken angreift, wird er verlieren. Wenn Anweisungen klar sind, handelt der Ausführende mit Vertrauen; wenn sie unklar sind, wird jede Handlung desorganisiert sein. Wenn der Anführer die Gesamtlage nicht richtig beurteilen kann, ist die Folge der Bankrott. Es gilt, nur die Schlachten zu schlagen, die man gewinnen kann[127]. Hierzu nutzt man die Stärken der eigenen Position und weiß wie man die Stärken des Gegners ermittelt. Es reicht nicht aus zu wissen, was zu tun ist. Man muss es auch umsetzen können. Man soll nie zu seinem eigenen Besten, sondern immer im Interesse seiner Leute und der Organisation handeln. Als Schlusssatz gilt: „Kenne Dich; kenne Deinen Feind"[128]. Nur sich zu kennen, reicht nicht aus. Man muss auch die Stärken und Schwächen des Gegners kennen. Die Chancen auf den Sieg sind größer, wenn man Schwachpunkte angreift und Stärken vermeidet.

3.3.3.11 Kapitel 11: Die neun Varianten von Gelände

Nach Sun Tzu gibt es neun Varianten des Geländes. Michaelson generiert hieraus die Regel, stets vorteilhaftes Gelände[129] zu wählen, indem man nicht intern kämpft und nicht angreift oder verteidigt, wenn man keinen Vorteil erlangen kann. Man nutzt Strategie, wenn man in der Unterzahl ist und kämpft mutig, wenn man verzweifelt ist. Man muss die Strategie des Gegners dadurch gestalten[130], dass man alles tut, was gesetzlich erlaubt ist, um dessen interne Kommunikation, Kooperation, Moral und seinen Zusammenhalt zu stören. Und dadurch, dass man die Initiative ergreift, um den Gegner in die Defensive zu treiben. Schnelligkeit ist entscheidend. Wer sich schnell bewegt, verpasst keine Gelegenheiten. Der Sieg muss die

---

[126] Michaelson, S. 96.
[127] Ebenda, S. 98.
[128] Ebenda, S. 100.
[129] Ebenda, S. 104.
[130] Ebenda, S. 106.

einzige Option[131] sein, denn je erfolgreicher man ist, desto besser ist die Moral und umso sicherer werden zukünftige Erfolge. Man soll siegreiche Pläne entwickeln und aktiv nach neuen Ressourcen suchen. Die Organisation muss die Konsequenzen des Scheiterns kennen, denn der Kampf ums Überleben vereint und entwickelt eigene Stärken. Der kundige Taktiker nimmt den Angriff in einem Bereich in Kauf und greift in einem anderen an. Es gilt die koordinierte Aktion[132] zu planen, so dass man Aktionen unterstützen kann, die interne Kooperation fördern. Siege kommen nur von einem sorgfältig arbeitenden Team. Es gilt weiter anzugreifen[133], indem man die Mitarbeiter zusammenhält, gelassen führt, gerecht ist und Ordnung behält. Man muss sicher gehen, dass alle motiviert sind und die Niederlage vermeiden wollen. Man soll lernen zu gewinnen[134], indem man lernt, wie andere gewinnen. Dieser Ansatz, der sich als best practice etabliert hat, zeigt, was man wissen muss: die Pläne der Verbündeten und Mitbewerber, die Bereiche des Konflikts und die Leute die gewinnen können. Letztlich gilt, dass man die Strategie immer der Situation anpassen muss.

3.3.3.12 Kapitel 12: Angriff mit Feuer

Das Kapitel Angriff durch Feuer vermittelt folgende Regeln: Man soll zerstörerisch und eindringend[135] sein wie das Feuer. Dies geschieht, indem man die effektivste der verfügbaren Waffen zum Angriff einsetzt, den Gegner stört und während dieser Ablenkung angreift. Weiterhin soll man erfinderisch sein bei der Entwicklung der Offensivstrategie. Das so Erlangte muss dann konsolidiert[136] werden, indem es verstärkt wird. Man belohnt und fördert unternehmerisches Handeln und plant und handelt gewissenhaft. Im weitern Vorgehen soll man beherrscht sein[137] und nur dann angreifen, wenn man dadurch einen Vorteil erreichen kann. Nicht einfach Energie verschwenden, nur weil man neugierig ist oder seine Wut

---

[131] Michaelson, S. 108.
[132] Ebenda, S. 110.
[133] Ebenda, S. 112.
[134] Ebenda, S. 114.
[135] Ebenda, S. 118.
[136] Ebenda, S. 120.
[137] Ebenda, S. 122.

befriedigen will. Da Verluste nicht wiedererlangt werden können, muss man darauf bedacht sein und nicht voreilig handeln.

3.3.3.13 Kapitel 13: Verwendung von Spionen

Das letzte Kapitel, das sich mit dem Einsatz von Spionen beschäftigt, ist mit einigen juristischen Besonderheiten gut auf die heutige Zeit anwendbar, denn auch heute gilt es noch in Aufklärungsressourcen[138] zu investieren. Große Unterfangen erfordern große Ressourcen. Da man von denen, die damit beauftragt sind, Widerstand erwarten wird, darf man die Belohungen nicht vernachlässigen, die helfen werden, die Leute zu motivieren. Kleine Summen können große Ergebnisse erzielen. Die Kosten von unnötig langen Operationen sind größer, als die der Beschaffung der zum schnellen Sieg notwendigen Information. Am besten, man etabliert ein aktives Informationssystem[139], denn gute Information ist entscheidend für den Erfolg. Diese Information muss von denen kommen, die die Lage kennen. Man muss sich in Acht nehmen vor denen, die nur Meinungen abgeben können. Eine Meinung ohne grundlegende Information kann irreführend sein. Man muss ein Netzwerk aufbauen, das diese Informationen besorgen kann. Letztlich gilt es, alle Wege zu nutzen, um Information zu sammeln. Diese Informationen sollen jedoch nicht dem Gegner zufließen, weshalb man sich in Gegenspionage[140] üben soll.

3.3.3.14 Fazit

Michaelson schafft es, aus fast jedem Satz Sun Tzus eine Regel zu machen. Dass diese manchmal doppelt vorkommen oder mit nur minimalen Änderungen, scheint ihn nicht zu stören. Seine Regeln enthalten alleine aufgrund der Masse sowohl die von Krause, als auch die von McNeilly. Leider berücksichtigt er Sun Tzus Aussage nicht, sich auf das Wichtigste zu konzentrieren, so dass keine Schwerpunktbildung, Gewichtung oder Differenzierung stattfindet, was dem Leser wirklich helfen würde. So steht eine Plattitüde wie *„Sei unbesiegbar"*[141] gleichermaßen neben einer strategischen Kern-

---

[138] Michaelson, S. 126.
[139] Ebenda, S. 128.
[140] Ebenda, S. 131.
[141] Ebenda, S. 32.

aussage, wie „*wo man angreift sollte man die relative Überlegenheit haben*"[142].

3.3.4 Werner Schwanfelder: Sun Tzu für Manager

Werner Schwanfelder ist Einkaufsleiter bei Siemens und kann auf einen reichen Erfahrungsschatz als Topmanager zurückgreifen. Auf seinen geschäftlichen Reisen nach China ist er auf Sun Tzu gestoßen und beschäftigt sich seitdem mit dem großen Strategen. Schwanfelder fasst in seinem Buch *Sun Tzu für Manager. Die 13 ewigen Gebote der Strategie*, erschienen August 2004 im Campus Verlag, die Lehren von Sun Tzu in 13 Gebote zusammen: Er hat zwar genauso viele Gebote, wie Sun Tzu Kapitel, seine Gebote setzen sich aber inhaltlich aus dem Gesamtwerk zusammen, was wieder der Verständlichkeit zugute kommt. Schwanfelder schreibt sein Buch mit der grundsätzlichen Frage, warum Manager Krieg führen sollten. Die Antwort, die er gibt ist, dass Manager zwar keinen Krieg führen, es aber in der Wirtschaft gravierende Auseinandersetzungen gibt, die es zu bewältigen gilt. Folglich ist man schon nahe an einer Art Kriegszustand, zwar ohne Waffen, aber dennoch schonungslos. Der Manager ist also damit auch eine Art Feldherr und Sun Tzus Aussagen damit auch gut übertragbar.

3.3.4.1 Die 13 ewigen Gebote für Manager:

„*Das erste Gebot für Manager: Gründliche Vorbereitungen sind das A und O des Erfolgs*".[143]

Bevor der Manager ein Problem lösen kann, muss er nachdenken, sich ein differenziertes Bild der Ausgangslage verschaffen und erst dann sein Entscheidung treffen. Dazu entwickelt er eine Vision, unterteilt sie in Ziele und lässt sich an Meilensteinen messen. Probleme löst er von Meilenstein zu Meilenstein.

„*Das zweite Gebot für Manager: Ein kluger Umgang mit Ressourcen verhilft zum Sieg*".[144]

Alleine kann ein Manager keine Auseinandersetzung gewinnen. Er muss dafür sorgen, die richtige Qualität und Quantität an Kompetenz bereitzustellen. Er stellt die Organisation auf und sorgt für Mo-

---

[142] Michaelson, S. 52.
[143] Schwanfelder, S. 21.
[144] Ebenda, S. 51.

tivation. Die Ressourcen müssen stimmen, sonst braucht man den Kampf gar nicht erst zu beginnen.

„Das dritte Gebot für Manager: Die richtige Strategie verhilft der Vision zum Sieg".[145]

Der Manager arbeitet strategisch im Hinblick auf langfristige Ziele. So kann er eigene Stärken strategisch einsetzen und den richtigen Zeitpunkt der Auseinandersetzung bestimmen. Ein Manager muss den logischen Ablauf des Geschehens vor sich sehen.

„Das vierte Gebot für Manager: Die siegreiche Taktik vermeidet Fehler und schließt Risiken aus".[146]

Auf der Grundlage der Strategie entwickelt der Manager taktische Schachzüge. Denken reicht nicht aus, er muss auch die Umsetzung vorantreiben. Er muss also gleichermaßen Denker und Macher sein.

„Das fünfte Gebot für Manager: Mit Methode und guten Manövern wird der Sieg errungen".[147]

Die wichtigste Begabung eines Managers ist die Einsicht, dass er, um Erfolg zu haben, engagierte Mitarbeiter benötigt. Überlegene Führungsfähigkeiten und situativ eingesetzte Führungsmethoden sind die Garantie dafür, dass die besten Mitarbeiter gerne mit ihm arbeiten und ihr Potenzial voll entfalten. Denn der Mitarbeiter ist das wichtigste Kapital und will gepflegt werden.

„Das sechste Gebot für Manager: Wer die Bedingungen der Auseinandersetzung bestimmt, wird Sieger sein".[148]

Der Manager benötigt, um die Entscheidung zu treffen, Wissen und Informationen, welches er von Kollegen, Mitarbeitern, Nachbarn und Konkurrenten bekommt. So kann er Ort, Zeit und Art der Auseinandersetzung bestimmen. Wer die Initiative behält, der Erste ist, seine Kräfte konzentriert und die Schwächen des Gegners angreift, der wird siegreich sein.

„Das siebte Gebot für Manager: Wer siegen will, muss taktische Manöver beherrschen und Mut zur Veränderung haben".[149]

---

[145] Schwanfelder, S. 69.
[146] Ebenda, S. 87.
[147] Ebenda, S. 99.
[148] Ebenda, S. 111.
[149] Ebenda, S. 127.

Alles, was erstarrt, schadet der Entwicklung. Der Manager muss also selbst Lust haben auf den Mut zur Veränderung, da er nur so seine Mitarbeiter motivieren kann. Er muss neuen Ideen gegenüber offen ein, denn nur so wird es ihm gelingen, neuen Herausforderungen mit taktischem Geschick zu begegnen, statt mit eingefahrenen Verhaltensmustern.

„Das achte Gebot für Manager: Die Fähigkeit zur situationsabhängigen Entscheidung und sorgfältiges Fehlermanagement bringen entscheidende Vorteile".[150]

Der gute Manager wird nicht reagieren, sondern schnell initiativ handeln, wenn sich die Situationen ändern. Er übernimmt die Verantwortung für Leistungen und Fehler, denn auch der beste Manager macht Fehler. Ein gutes Fehlermanagement hilft, Fehler zu vermeiden und schafft Lernchancen für die Zukunft.

„Das neunte Gebot für Manager: Der Manager strebt nach aufmerksamer und vorbildlicher Führung, die motiviert".[151]

Führen und Motivieren sind Zwillinge, die immer gemeinsam auftreten. Der geschickte Manager wird die besten Leute um sich scharen und für Ihre Ausbildung und Entwicklung sorgen. Wenn sie dann bereit sind, für ihn durchs Feuer zu gehen, hat er ein Team, das Berge versetzen kann.

„Das zehnte Gebot für Manager: Der Manager behält die Bodenhaftung".[152]

Der Manager darf trotz Erfolg nicht abheben, denn sonst wird dieser zum Bumerang. Er sollte immer eine Prise Demut behalten, denn er ist nicht alleine für den Erfolg verantwortlich, es sind auch immer andere beteiligt. Der gute Manager hat den Erfolg nur organisiert.

„Das elfte Gebot für Manager: Die Managerpersönlichkeit bewährt sich in der praktischen Auseinadersetzung".[153]

Managementwissen ist nur ein Teil, der durch überzeugende Führungsfähigkeiten ergänzt werden muss. Persönliche Ausstrahlung und Autorität können nur in der persönlichen Auseinandersetzung wachsen, sonst bleibt man auf halbem Wege stehen.

---

[150] Schwanfelder, S. 145.
[151] Ebenda, S. 157.
[152] Ebenda, S. 171.
[153] Ebenda, S. 183.

„Das zwölfte Gebot für Manager: Der Manager sichert zuerst das eigene Unternehmen. Er greift nur an, wenn es sich rentiert".[154]

Der beste Sieg ist der, der ohne Schlacht errungen wird. Auf jeden Fall ist aber zuerst das eigene Unternehmen zu sichern. Die Auseinadersetzung soll nur erwägt werden, wenn sie Erfolg verspricht, und der Manager sollte sich nicht leichtfertig in einen Konflikt hineinreißen lassen.

„Das dreizehnte Gebot für Manager: Mit Informationsvorsprung vermeidet er teure Schlachten".[155]

Der Manager sorgt für die Attraktivität des Unternehmens, damit es so offen für neue Anregungen und Wissen wird. Nur so bewerben sich stets neue Mitarbeiter, die das vorhandene Wissen vermehren und so für die Stärke des Unternehmens sorgen.

3.3.4.2 Fazit

Schwanfelder fasst die Inhalte der 13 Kapitel Sun Tzus zusammen und generiert daraus seine 13 Gebote für Manager. Er weist darüber hinaus noch auf die drei Voraussetzungen hin, die ein erfolgreichen Manager haben muss: Einen Auftrag zum Handeln vom Unternehmer, die nötige Handlungsfreiheit, vor allem über die Ressourcen, und den Zugang zu der benötigten Information. Seine Gebote sind sehr modern formuliert und gut verständlich. Zudem geben sie gut die Kernbotschaften Sun Tzus wieder, wobei er großes Gewicht auf die Verhaltensregeln der Führungskraft legt.

3.3.5 Ingmar P. Brunken: Die 6 Meister der Strategie[156]

Ingmar P. Brunken studierte Betriebswirtschaftslehre und sammelte erste Erfahrung als Trainee bei der VIAG AG. Seinem Einstieg als Senior Consultant bei der Unternehmensberatung Roland Berger gingen Stationen als Assistent der Geschäftsführung, Vertriebsleiter und Global Key Account Manager in verschiedenen Industrieunternehmen voraus. 2004 wurde er Direktor bei Simon, Kucher und Partners GmbH mit den Schwerpunkten Pricing Excellence und Topline Groth. Ab November 2005 war er wieder bei Roland Berger als

---

[154] Schwanfelder, S. 195.
[155] Ebenda, S. 205.
[156] Ingmar P. Brunken, die 6 Meister der Strategie und wie beruflich und privat davon profitieren können, 2005.

Principal für den Bereich „Pricing" verantwortlich. Im März 2005 erschien sein Buch *Die 6 Meister der Strategie*. Hierin behandelt er unter anderem auch die Lehren von Sun Tzu, und wendet sie auf die heutigen Begebenheiten an. Brunken unterteilt in seinem Buch, *Die 6 Meister der Strategie und wie man beruflich und privat davon profitieren kann*, erschienen im Februar 2006 bei Econ, die Inhalte in die Abschnitte Zielsystem und Definition, Gewinnung von Wissen, Planung und Führung. Er löst somit die Gliederung des Original-Werkes auf und fasst die Inhalte unter seine Gliederungspunkte zusammen. Zu jedem dieser Unterpunkte generiert er Lektionen. Als selbstständiger Berater nutzt er sein Buch zum Nachweis seiner Kompetenz auf dem Gebiet der Strategie. Im Feld der vorgestellten Autoren ist er der einzige, der in einem Buch mehrere Strategen abhandelt, diese vergleicht und jeweils das Beste der einzelnen Beiträge für den jeweiligen Verwendungszweck herausarbeitet.

3.3.5.1 Zielsystem und Definition

Lektion 1.1: *„Handeln und darüber reden"*[157]: Man solle nach seinem eigenen Vorteil handeln, anderen aber erzählen, dass man nur für die gute Sache kämpft. Hier wendet Brunken die Sun Tzus Gesetz der Moral an. Die Mitarbeiter wissen, dass sie nicht nur ihre Pflicht, sondern auch etwas Gutes tun und sollen daher besser motiviert sein.

3.3.5.2 Gewinnung von Wissen

Brunken fasst unter der Überschrift Gewinnung von Wissen vier Methoden Sun Tzus zusammen, um Daten zu beschaffen. Erste Quelle ist die Selbsterkenntnis:

Lektion 1.2: *„Selbsterkenntnis"*[158]: Man soll seine eigenen Stärken und Schwächen analysieren und überlegen, ob etwaige Schwächen durch externe Hilfe ausgeglichen werden können.

Wissen über Stärken und Schwächen des Gegners erlangt man durch Spionage:

---

[157] Brunken, S. 28.
[158] Ebenda, S. 32.

Lektion 1.3.: *„Kernerfolgsfaktoren ermitteln"*[159]: Wann und wo ist der Gegner stark, wo schwach? Was motiviert ihn besonders, worauf ist er vorbereitet und wer sind die Entscheider?

Durch Geheimhaltung verhindert man, dass der Gegner Wissen von den eigenen Stärken oder Schwächen erlangt.

Lektion 1.4: *„Geheimhaltung"*[160]: Hier rät Brunken häufiges nach außen hin sichtbares Ändern des Wegs zum Ziel und Vermeidung des geraden, direkten und offensichtlichen Weges. Den Gegner soll man durch Täuschung in Sicherheit wiegen und Glauben lassen, er kenne die Schwächen.

Lektion 1.5: *„Täuschen und getäuscht werden"*[161]: Eigene Entscheidungen sollten nur nach sorgfältiger Bewertung der Information getroffen werden, wenn ausreichende hohe Datenqualität sichergestellt ist oder von mehreren unabhängigen Quellen bestätigt wurde.

3.3.5.3 Planung

Zur besseren Planung rät Brunken Sun Tzus Unterscheidung in drei Planungsgrößen: Zeitplanung, wann welche Aktion durchgeführt wird; Ressourcenplanung, wer führt sie mit welchen Mittel durch; und Interdependenzenplanung, welchen Einfluss haben die einzelnen Planungsgrößen auf die jeweils anderen.

Lektion 1.6: *„Planung"*[162]: Ausnutzen der Informationen um den Ablauf und die Auswirkungen der Aktionen zu planen. Dabei sollen Unsicherheiten durch Szenariomodelle berücksichtigt werden und Alternativen eingeplant werden.

Lektion 1.7. *„Fragen zum Ressourceneinsatz"*[163]: Ist der Verbrauch der Ressource sinnvoll? Wird das Ziel damit dauerhaft erreicht? Sind alle anderen Wege zum Ziel mit mehr Ressourceneinsatz verbunden? Nur wenn alle Fragen mit „Ja" beantwortet werden können, ist der Einsatz der Aktion optimal.

---

[159] Brunken, S. 36.
[160] Ebenda, S. 37.
[161] Ebenda, S. 38.
[162] Ebenda, S. 40.
[163] Ebenda, S. 42.

Lektion 1.8.: *„Planung von Ressourcen"*[164]: Wichtig ist zu überlegen, nicht nur welche Ressourcen notwendig sind, sondern auch welche man auf dem Wege beschaffen kann. Optimale Einplanung, ist daher nicht nur die der eigenen Ressourcen, sondern auch denen des Gegners.

Lektion 1.9: *„Interdependenzen"*[165]: Man muss bei jeder Aktion auch die Nebenwirkungen beachten.

Lektion 1.10: *„Erfolg und Teilerfolg"*[166]: Der größte Erfolg ist die Erreichung des Ziels. Ist dies nicht möglich, ist es ein Teilerfolg, wenn der Erfolg des Gegners verhindert werden kann und der eigene Erfolg später erreicht werden kann.

3.3.5.4 Führung

Auf die heutige Zeit übertragen kann man Sun Tzus Verständnis von Führung wohl so zusammenfassen: Führung ist die realistische Zielvorgabe an die Mitarbeiter und die situationsbezogene Steuerung dieser Mitarbeiter zur Erfüllung der vorgegeben Ziele.

Lektion 1.11: *Verhaltensempfehlung für Führungskräfte*[167]: Nur erreichbare Ziele sollen vorgeben werden. Jeden Mitarbeiter so zu führen, wie es der Situation und seinen Fähigkeiten entspricht. Ob der Führungsstil der Situation entspricht, erkennt man daran, ob er geeignet ist das Ziel zu erreichen. Wird das Ziel aus Gründen, die beim Führenden liegen, wie der Demotivation, nicht erreicht, war auch der Führungsstil nicht geeignet.

Lektion 1.12: *„Führung vieler Mitarbeiter"*[168]: Bei der Führung von vielen Mitarbeitern ist es sinnvoll, hierarchische Strukturen einzuführen, um die Mitarbeiter indirekt von einer Auswahl direkt geführter Mitarbeiter führen zu lassen. Ergänzend zur Führung durch Teilung, können einheitliche Standards kommuniziert werden, aus denen die Mitarbeiter die entsprechenden Verhaltensweisen ableiten können.

---

[164] Brunken, S. 43.
[165] Ebenda, S. 44.
[166] Ebenda, S. 45.
[167] Ebenda, S. 47.
[168] Ebenda, S. 48.

Lektion 1.13: *„Vertrauen und Selbstvertrauen"*[169]: Basis der Führungen ist das Vertrauen der Führenden in seine Mitarbeiter und das Selbstvertrauen der Mitarbeiter. Dieses wird erzeugt durch: Sicheres Auftreten, klare und eindeutige Positionen, Akzeptanz kleiner Verstöße, schnelles, entschiedenes Vorgehen, auch bei kleinen Zweifeln, vermeiden von übergroßer Strenge. Ein Teilbereich der Führung ist die Motivation, welche zur Leistungssteigerung beiträgt, sofern sie positiv ist.

Lektion 1.14: *„Führung und Motivation"*[170]: Um die Motivation zu erhöhen, muss man die Mitarbeiter unter starken Erfolgsdruck setzen, der jedoch keine Erpressung sein darf. Um die Weitergabe von Information zu verhindern, teilen Sie den Mitarbeitern nur die Informationen mit, die diese unbedingt benötigen.

3.3.5.5 Fazit

Grundsätzlich sieht Brunken in Sun Tzus Lehren die folgenden drei Stärken: (Vor-) Wissen, Planung, Führung. Die Betonung des Erfolgs auch und sogar besonders ohne Kampf. Die Allgemeingültige 9S-Matrix zur zielführenden Strategieauswahl. Als Schwächen sieht er folgende drei Punkte: Tendenzen zur Selbstüberschätzung und zu einem opportunistischen Moralverständnis, sowie ein bisweilen astrologisch geprägtes Ursache-Wirkungs-Verständnis. Die stellenweise unpassende Detailtiefe in zwei Kapiteln (Armee auf dem Marsch, Angriff durch Feuer), kann das ansonsten allgemeingültige Niveau der Lehre daher nicht halten.

Nach Brunken gibt es für Sun Tzu drei Schlüsselfaktoren: Wissen, also das, was man als Information über sich selbst, seinen Gegner und das Terrain wissen muss. Planung, also Vorbereitung und die Führung, die sich mit der Umsetzung der Planung befasst.

Weiterhin gibt es für ihn sechs Führungsprinzipien, welche sich mit den drei genannten Bereichen beschäftigen und die den Erfolg ermöglichen:

---

[169] Brunken, S. 50.
[170] Ebenda, S. 53.

Lektion 1.15: *„Sechs Führungsprinzipien"*[171]:

1. Wissen: Kennen sie die eigenen Stärken und Schwächen, sowie die des Wettbewerbs.
2. Planen/ Ressourcenallokation: Nutzen sie die eigenen Mitarbeiter, um ihre Ziele zu erreichen.
3. Planen/Rationalität: Entscheidungen sollten ohne emotionale Gefühle getroffen werden.
4. Führen/ Ausbildung: Die Mitarbeiter müssen befähigt werden, ihre Aufgabe auch zu erfüllen.
5. Führen/ Disziplin: Die gestellten Vorgaben müssen verlässlich befolgt werden.
6. Führen/Autorität: Das Vertrauen der Mitarbeiter wird durch das Treffen von klaren und mutigen Entscheidungen gewonnen und stärkt die eigene Autorität und Kompetenz. Vermieden werden sollte Risikoangst und Unsicherheit.

Für den Sieg leitet er aus Sun Tzus Werk fünf Erfolgsfaktoren ab: Der richtige Zeitpunkt, das richtige Vorgehen, die hohe Motivation, die Schnelligkeit und richtigen Interdependenzen.

Als eigene Erfindung kreiert er aus dem Kapitel „die neun Situationen"[172] eine Entscheidungsmatrix ab, die so genannte 9 Situationen-Matrix (9 S-Matrix), aus welcher man je nach Situation das jeweils zielführendste Verhalten ablesen kann.

---

[171] Brunken, S. 54.
[172] Sun Tzu, S. 113.

Erfolgschancen Bei Angriff		9S-Martix ←zunehmende Motivation	
Hoch	Eingeengt (List benutzen) Situation verbessern A	Kreuzend (Allianzen suchen) Situation suchen A	Leicht (nicht anhalten) Situation suchen
Mittel	Gefährlich (plündern) Situation meiden A	Umstritten (nicht angreifen) Situation verbessern	Offen (Gegner durchlassen) Situation suchen D
Gering	Hoffnungslos (kämpfen) Situation meiden	Schwierig (weitermarschieren) Situation meiden D	Auseinander sprengen (nicht kämpfen) Situation verbessern D
	Gering	Mittel	Hoch

Erfolgschancen bei Verteidigung

A= Aggressives verhalten ist zielführend

D= Defensives Verhalten ist zielführend

Abbildung 6: 9 Situationen Matrix zur Entscheidungsfindung

Insgesamt ist Brunkens Interpretation sehr modern und aussagekräftig. Seine Gliederung der Punkte ist innovativ und übersichtlich, löst er sich doch vollständig von der etwas verwirrenden Originalversion. Seine 9S-Matrix ist jedoch etwas weit hergeholt und erscheint mir wenig praxistauglich.

Abbildung 7: Enso Symbol[173]

---

[173] Das Enso Symbol steht für Leere und Vollendung, und ist das Symbol für Zen.

4. Musashi: Das Buch der Fünf Ringe

Das Buch der Fünf Ringe von Miyamoto Musashi ist in Japan neben dem *Hagakure* von Tsunetomo Yamamoto und dem *Heiho Kaden Shō* (Der Weg des Samurai) von Yagyu Munenori, das Standardwerk zur strategischen Kriegsführung in der freien Marktwirtschaft für Manager. Darin beschreibt er die Basis des Schwertkampfes in fünf Teilen (beziehungsweise Ringe).

4.1 Zur Person Musashis

Musashi Miyamoto[174] wurde im Jahre 1584 in einem Dorf namens Miyamoto in der Provinz Mimasaka geboren und ist am 13. Juni 1645 in der Höhle Reigendō verstorben.

Musashi, dem Sohn eines Landsamurai, wurde schon in jungen Jahren eine ungestüme Wildheit nachgesagt. So soll er mit gerade dreizehn Jahren seinen ersten Gegner, Arima Kihei, einen im Kampf mit Schwert und Speer geübten Samurai, erschlagen haben. Im Alter von etwa sechzehn Jahren verließ Musashi seine Heimat, um sich auf „Kriegerwallfahrt" zu begeben, eine Reise, die ihn quer durch das alte Japan führte. Nachdem er an sechs Kriegen teilgenommen, etliche Kämpfe ausgetragen und angeblich 60 Duelle für sich entschieden hatte, legte er mit Ende 20 seine Schwerter nieder und widmete sich der Suche nach einer tieferen Bedeutung seiner Schwertkampfkunst.

In den meisten Erzählungen und Berichten über Musashi findet sein für die damalige Zeit unorthodoxer Kampfstil besondere Erwähnung: Im Gegensatz zu seinen Gegnern kämpfte Musashi häufig mit zwei Schwertern statt mit nur einem. Seit der Sengoku-Periode (1467–1568) war es üblich, dass Samurai zwei Schwerter in Form des Daishō-Paares trugen. Das Daishō bestand aus dem Langschwert Katana und dem Kurzschwert Wakizashi, welches zu rituellen Zwecken für den Kampf in beengten Räumen und als Ersatz für das Katana bei dessen Verlust diente. Er lernte von den Samurai und Ronin, die in sein Dorf kamen, und studierte viele Zweikämpfe. Er begründete einen eigenen Kampfstil und nannte ihn Niten Ichiryū. Musashi besiegte der Legende nach den wohl besten Samurai seiner

---

[174] Voller japanischer Name: Miyamoto Shinmen Musashi Fujiwara no Genshin

Zeit Sasaki Kojiro mit einem Bokken (Holzschwert)[175]. Später betätigte Musashi sich auch als Künstler und Handwerker. Seine Arbeiten werden in Japan als höchste Meisterwerke eingeschätzt. Er bemalte Wandschirme und war ein exzellenter Meister der Schreibkunst. Er stellte Metallarbeiten her und begründete eine Schule der Stichblatthersteller (jap. Tsuba), die ihre Stücke nach ihm mit „Niten" signieren. Das allgemein als "Musashi - Tsuba" bekannte Stichblatt, mit zwei ineinander greifenden Ringen, ist ein eindrucksvolles Beispiel zeitgenössischen japanischen Designs. Schlichte, schnörkellose Schönheit und perfekte Funktion werden hier meisterhaft vereint. Musashis Leben endete am 13. Juni 1645 in der Höhle Reigendō. Er hatte sich dorthin zurückgezogen, um sein Gorin no Shō zu schreiben, welches er einige Wochen vor seinem Tode seinem Schüler Terao Magonojo übergab. Das Gorin no Shō erreicht auch heute noch viele Menschen in aller Welt. Wie von Musashi beabsichtigt sind seine Erkenntnisse und taktischen Lehrsätze allgemein genug, um auch auf andere Situationen anwendbar zu sein. So wird *Das Buch der Fünf Ringe* z.B. von amerikanischen Autoren[176] adaptiert und findet heute in der modernen Managementlehre seinen Platz. Seine Lehren finden sich heutzutage in allen Lebensbereichen wieder, wie auch im Strategie-Lehrbuch für Manager, als anerkannte Richtlinien und Weisheiten. Musashis Lebensgeschichte wurde in der Neuzeit und vor allem im Westen durch den von Eiji Yoshikawa geschriebenen Roman Musashi bekannt.

4.2 Das Buch der fünf Ringe

Das Buch der fünf Ringe (japanisch Gorin no Shō) wurde im 17. Jahrhundert vom japanischen Samurai Miyamoto Musashi verfasst. Der Weg der Strategie wird in Musashis Werk in fünf einzelnen Büchern dargestellt, die jeweils einem Aspekt gewidmet sind: Der Erde, dem Wasser, dem Feuer, dem Wind und dem der Leere. Musashi nannte sein Werk über die Strategie Ni Ten Ichi Ryu und schrieb es erstmals 1645 im Alter von 60 Jahren nieder. Mit 30 blickte er zurück und erkannte, dass seine Siege in den Duellen nichts mit Strategie zu tun hatten, sondern eher mit natürlicher Fähigkeit, der Unterlegenheit der Technik des anderen oder dem Willen des Himmels. Ab diesem Zeitpunkt widmete er sich 20 Jahre lang der Suche nach der „Mei-

---

[175] Yoshikawa, S. 586.
[176] Krause, Musashi, 1998.

sterschaft der Strategie". Nach eigenen Angaben erreichte er diese mit 50 Jahren. Ab diesem Zeitpunkt lebte er nicht mehr nach irgendwelchen Prinzipien, sondern nur nach dem Geiste seiner Erkenntnis, der Ichi Schule, wie sie sich in Himmel und Erde widerspiegelt. Ich gebe den Inhalt der für die Geschäftswelt relevanten Teile seines Werkes nur gekürzt wieder, da sich die folgenden Autoren immer wieder auf den Originaltext beziehen. Die Darstellungen sind etwas philosophisch und auf den Zweikampf mit Schwertern bezogen, lassen sich aber gut auf alle anderen Bereiche übertragen. Sein Buch besteht aus fünf Teilen, die nach den fünf Elementen, Erde, Wasser, Feuer, Luft und Leere benannt sind.

4.2.1 Das Buch der Erde[177]

Strategie ist das Handwerkszeug des Kriegers. Der Weg des Kriegers ist zweigeteilt, in Schwert und Stift. Beides muss er beherrschen. Folgt man beiden Wegen, kann selbst jemand ohne natürliche Fähigkeit Erfolg haben. Sein Ziel bei dem Studium der Strategie ist die Überwindung des Gegners, egal, ob im Zweikampf oder als Armee. Dies ist die Tugend der Strategie. Musashi versteht, entgegen der zeitgenössischen Auffassung, den bloßen Schwertkämpfer nicht als „Meister der Strategie". Vielmehr ist die Strategie eine der antiken Zehn Fähigkeiten und Sieben Künste und nicht nur beschränkt auf die Kunst des Schwertkampfes. Denn der wahre Wert der Strategie, kann nicht eingeengt in der beschränkten Sicht des Fechtens gesehen werden. Für Musashi gibt es vier Lebenswege: Edelleute, Bauern, Künstler und Händler. Der Weg des Bauern besteht in der Arbeit im Feld und der Betrachtung des Wandels der Jahreszeiten von Frühjahr bis Herbst. Der Händler erwirbt die Zutaten und nutzt sie um damit seinen Lebensunterhalt zu verdienen. Sein Weg ist es, Gewinn zu machen. Der Edelmann ist Krieger und das Tragen von Waffen ist sein Weg. Seine Waffen zu beherrschen ist sein oberstes Ziel. Wenn er also die Strategie an sich nicht gutheißt, dann heißt das, seine Waffen nicht zu würdigen, so dass er immer ein Interesse an der Strategie haben muss. Letztlich der Weg des Künstlers (Handwerkers). Sein Weg ist es, Meister seiner Werkzeuge zu werden und dies zuerst sorgfältig zu planen und dann nach diesem vorzugehen. Musashis Sichtweise ist stark vom japanischen Kastensystem geprägt und heute nicht mehr anwendbar, aber

---

[177] Musashi, S. 11.

hier wegen seiner Referenzen bezüglich der jeweiligen Kaste wichtig. Der Handwerker muss wie der Krieger einen „Master Plan" haben. Wie ein General muss der Bauleiter die Regeln der Architektur, des Geländes und des Landes kennen. Er muss einen Bauplan haben und Arbeiter einsetzen, um das Haus aufzubauen. Beim Hausbau müssen Entscheidungen bezüglich des verwendeten Holzes gemacht werden. Jede Art Holz muss entsprechend seiner Eignung eingesetzt werden, so dass gerade Balken ohne Mängel die tragenden Teile bilden, wenig ansehnliche Teile werden innen versteckt verbaut und schwache und defekte Holzstücke als Feuerholz verwendet. Der Bauleiter setzt seine Arbeiter nach ihren Fähigkeiten ein. Wenn er dies gut kann, wird das Haus schnell fertig. Wie ein Soldat hat der Handwerker seine Werkzeuge; er pflegt sie und setzt sie nach den Anweisungen des Bauleiters ein. Verschiedene Handwerker haben verschiedene Spezialgebiete; der eine baut Dachstühle, der andere ist Tischler. Wie bei den Regeln der Strategie muss der Bauleiter die Möglichkeiten seiner Leute kennen und nichts von ihnen verlangen, was diese übersteigt. Er muss ihren Gemütszustand kennen und sie, wenn nötig, motivieren. Der Vorteil zwei Schwerter zu benutzen liegt darin, alle vorhandenen Ressourcen zu verwenden. Wenn man also bereit ist, sein Leben im Kampf zu lassen, sollte man auch alle zur Verfügung stehenden Mittel eingesetzt haben. Dieses nicht zu tun und mit einer ungenutzten Waffe zu sterben wäre falsch. Folglich kann man mit dem langen oder mit dem kurzen Schwert gewinnen. Der Geist der Ichi Schule ist es also zu gewinnen, egal mit welcher Waffe. In Musashis Strategie ist ein Mann genauso zu behandeln wie Tausendende. Ebenso gilt, dass es eine Zeit und einen Ort für jede Waffe gibt. Man soll keine Lieblingswaffe haben, denn ist man mit einer Waffe übermäßig vertraut, ist das genau so schlecht, wie wenn man sich zuwenig damit auskennt. Außerdem soll man nicht einfach andere kopieren, sondern jede Waffe so einsetzen, wie sie für einen selbst am wirksamsten ist. Daher ist es auch für Führungskräfte schlecht, Vorlieben und Abneigungen zu haben. Timing ist nicht nur bei der Strategie immer wichtig. Wie beim Tanzen gilt, dass man nur im Rhythmus ist, wenn das Timing stimmt. Bei jeder Art der Kunst ist Timing wichtig, ebenso bei der Leere und im ganzen Leben. Man gewinnt, wenn man das Timing des Gegners kennt und indem man selbst ein Timing benutzt, welches er nicht erwartet. Das ist Strategie, sowohl im Zweikampf, also auch in der Schlacht.

Wer Musashis Weg der Strategie lernen will, für den gelten folgende Regeln:
- Denke nicht unredlich.
- Trainiere hart.
- Lerne jede Art der Kunst kennen.
- Kenne alle Berufe.
- Unterscheide zwischen Gewinn und Verlust weltlicher Dinge.
- Entwickle intuitives Verständnis für alles.
- Erkenne das, was unsichtbar ist.
- Beachte Kleinigkeiten.
- Tue nichts, was unnötig ist.

Um Strategie zu verstehen, muss man das ganze Bild betrachten. Wenn man die Strategie meistert, kann man den Gegner nicht nur mit Waffengewalt, sondern auch mit einem Blick besiegen. Darüber hinaus muss der erfolgreiche Anführer seine Untergebenen geschickt führen, sich selbst korrekt verhalten, die Ressourcen pfleglich behandeln und so die Disziplin der Untergebenen bewahren. Wenn es einen Weg gibt, siegreich zu sein, sich selbst zu helfen und Ehre zu erlangen, dann ist das der Weg der Strategie.

4.2.2 Das Buch des Wassers[178]

Die Essenz der Ichi Schule basiert auf Wasser und wird in dem Buch des Wassers erklärt. Die Prinzipien der Strategie werden hier im Sinne des Zweikampfes dargestellt, wenn man aber weiter denkt, erhält man das Verständnis auch für Schlachten mit zehntausend Kämpfern pro Seite. Wenn man Musashis Buch nur liest, wird man sein Ziel nicht erreichen. Man muss sich den Inhalt verinnerlichen und immer wieder üben, so dass die Prinzipien aus dem eigenen Herzen kommen. Die innere Haltung in der Strategie ist nicht anders als die sonst übliche. Sowohl im täglichen Leben, als auch im Konflikt sollte man gelassen sein. Man sollte jeder Situation ausgeglichen und unvoreingenommen entgegentreten. Alle Dinge sollten von der Vogelperspektive aus betrachtet werden. Man ist am effek-

---

[178] Musashi, S. 35.

tivsten, wenn man handelt ohne zu denken und ohne erkennbaren Ansatz.

4.2.3 Das Buch des Feuers[179]

In dem Buch des Feuers rät Musashi so zu kämpfen, wie das Feuer. Das Training ist entscheidend und da man nicht immer Tausende miteinander trainieren lassen kann, übt man Mann gegen Mann. Die Erfahrungen aus dem Zweikampf lassen sich aber auch auf den Gruppenkampf übertragen. Denn auch dort kann man lernen, die Stärken des Gegners und seine Ressourcen zu erkennen und mittels Strategie zehntausend Gegner mit nur tausend zu besiegen. In einem Wettstreit der Strategie ist es wichtig, den Gegner zu lenken und nicht gelenkt zu werden. Man muss daher immer seine Vorstöße abblocken und selber erfolgreich angreifen. Ein wichtiges Ziel ist daher, die wirkungsvollen Handlungen des Feindes zu unterbinden und nur die wirkungslosen zuzulassen. Im Leben gibt es viele Situationen, in denen man Neuland betritt; diese Situationen bezeichnet Musashi „als die Furt überqueren". Auch in der Strategie muss man bereit sein, die Furt zu überqueren. Hierzu ist es wichtig, die eigenen Stärken und Schwächen und die des Gegners zu kennen. In einem Kampf muss man erkennen, wie die Lage gerade ist: ist sie gut oder schlecht, stärker werdend oder abnehmend. Man greift an, sobald man die Strategie des Gegners erkannt und seine Stärken und Schwächen ermittelt hat. Wenn der Gegner angreift, muss man seinen Angriff niederschlagen. Man muss ihn besiegen, wenn er dabei ist anzugreifen und ihn nicht ein zweites Mal angreifen lassen. Alle Dinge können zusammenbrechen: Häuser, Körper und Gegner, wenn sie aus dem Rhythmus kommen. In der Schlacht, wenn der Feind zusammenbricht, muss man ihn verfolgen, ohne ihn fliehen zu lassen. Wenn man dies nicht schafft, lässt man ihm die Möglichkeit sich zu erholen. Im Zweikampf, geschieht dies, wenn der Gegner den Rhythmus verliert. Wenn man diese Gelegenheit verpasst, wir er zukünftig besser aufpassen. Man muss sich in die Position des Gegners versetzen. In einem Konflikt ist man immer der Ansicht, dass die andere Seite stark ist und man deshalb vorsichtig sein muss. Wenn man aber gute Soldaten hat, die Prinzipien der Strategie kennt und weiß, wie man ihn schlagen kann, muss man sich keine Sorgen machen. Wenn man aber denkt, dass der andere ein Mei-

---

[179] Musashi, S. 63.

ster der Strategie ist, wird man sicher verlieren. Mit „Vier Hände loslassen" meint Musashi eine Pattsituation: wenn man gegen einen gleichstarken Gegner kämpft und nicht gewinnen kann, muss man andere Wege zum Ziel suchen. Man darf nicht aufgeben, sondern etwas versuchen, dass der Gegner nicht erwartet. Wenn man nicht weiß, in welcher Position der Feind ist, muss man angreifen und so herauszufinden, welche Ressourcen er hat. Erst wenn man dies weiß, kann man gewinnen. Wenn der Gegner angreift, muss man Stärke zeigen und ihn so von seinem Vorhaben abbringen. Viele Dinge können weitergegeben werden, wie zum Beispiel Schlafmangel oder Zeit. Wenn der Feind also wütend ist, dann muss man selber absolute Ruhe demonstrieren, dann wird sich auch der Gegner beruhigen. Wenn man diese Ruhe weitergegeben hat, kann man durch einen starken Angriff gewinnen. Es gibt Dinge, die den Verlust des Gleichgewichts verursachen können, wie Gefahr, Erschöpfung oder Überraschung. Im Kampf ist es wichtig, den Gegner aus dem Gleichgewicht zu bringen. Also greift man unerwartet da an, wo es der Gegner nicht erwartet, und besiegt ihn so. Oder man täuscht vor, langsam zu sein und schlägt dann blitzschnell zu. Unerwartetes erzeugt Angst, daher kann man den Gegner erschrecken, wenn man Kleines groß erscheinen lässt und ihn unerwartet bedroht. Wenn der Feind Angst hat, ist er nicht im Rhythmus und man kann ihn besiegen. Da es schwierig ist, starke Punkte direkt anzugreifen, soll man die Ecken angreifen. Hat man die besiegt, kann man gegen den Rest vorrücken. Indem man dem Gegner verwirrt, raubt man ihm die Entschlossenheit. Ist er erst einmal verwirrt, kommt er aus dem Rhythmus und ist leicht besiegt. In der Schlacht greift man zuerst einen starken Punkt an, wenn man diesen zurückgedrängt hat; danach geht man sofort zur nächsten angrenzenden Stärke über. So arbeitet man sich von Stärke zu Stärke voran, wie wenn man einen gewundenen Bergpfad erklimmt. Wenn der Feind schwach ist, muss man ihn vernichten, nicht nur besiegen, damit er sich nicht erholen kann. Im Kampf ist es schlecht, dasselbe mehrere Male hintereinander zu tun. Manchmal muss man es zweimal tun, aber man sollte es nicht ein drittes Mal versuchen. Wenn ein Angriff beim ersten Mal misslingt, besteht wenig Aussicht auf Erfolg, wenn man es ein zweites Mal genauso versucht. Also muss man die Technik ändern und variieren. Wenn der Gegner an Berg denkt, muss man mit See angreifen und umgekehrt. Man muss sich nicht mit einer oberflächlichen Erkenntnis zufrieden geben, gerade wenn diese ein vorteilhaftes Ergebnis anzeigt. Man muss also immer nachbohren und die wirklichen Gründe und Tatsachen ergründen. Wenn man in einem Konflikt nicht weiter kommt, muss man aufhören und neu anfangen, und zwar mit einem neuen Ansatz und neuer Motivation. Man soll die Truppen des Feindes wie die eigenen betrachten und erst dann kann man diese nach Belieben manipulieren.

4.2.4 Das Buch des Windes[180]

Wenn man Strategie lernen will, muss man auch die Strategie anderer Schulen kennen. Denn wenn man die anderen nicht kennt, kann man auch die Unterschiede zu Musashis nicht erkennen. Einige der anderen Strategen beschäftigen sich nur mit der Schwertkunst oder nur mit der körperlichen Seite des Kampfes, aber das ist nicht genug um zu gewinnen. Einige Schulen lernen das Kämpfen mit extralangen Schwertern. Diese sind schwach, da sie das Prinzip vernachlässigen, mit dem zu kämpfen, was vorhanden ist. Sie haben eine Vorliebe oder Abneigung. Diese sind beide unbedingt zu vermeiden, denn sie führen zu einer Abhängigkeit und Berechenbarkeit. Der Vergleich mit dem langen Schwert lässt sich auch auf andere Bereiche übertragen. Einige Schulen empfehlen, den Blick auf das Schwert zu konzentrieren. Musashi hingegen rät, alles und nichts zu beobachten. Denn wenn man sich auf etwas konzentriert, sieht man den Rest nicht mehr so gut. Geschwindigkeit ist nicht Teil des Weges der Strategie, denn sie impliziert, das etwas schnell oder langsam erscheint, egal ob sie im Rhythmus ist. Ein Meister der Strategie erscheint aber niemals schnell. Vielmehr ist die Geschwindigkeit immer der Situation angepasst. Es gibt keine Insiderwissen und keine geheimen Kenntnisse in der Strategie. Vielmehr sind es die einfachen Techniken, die erfolgreich sind. Die tieferen Einblicke erlangt man nur mittels Erfahrung und Übung und nicht über geheime Tipps.

In den obigen Beispielen hat Musashi nur versucht, die Grundgedanken der anderen Schulen zu erklären, ohne auf Details einzugehen. Ebenso wie die Meinungen verschiedener Menschen auseinander gehen, gibt es nicht das eine Konzept einer Strategieschule. Aufgezeigt wurden nur grundsätzliche Tendenzen, die nach seiner Beobachtung dazu führen, dass die Menschen dazu tendieren, immer

---

[180] Musashi, S. 91.

Vorlieben zu haben: sei es für Schwerter bestimmter Länge oder Stärken bestimmter Art.

4.2.5 Das Buch der Leere[181]

Intuition ist ebenso wichtig wie intellektuelles Lernen der Regeln: Der Geist der Leere ist das Nichts. Es ist nicht Bestandteil des menschlichen Wissens. Indem man weiß, was existiert, kann man auch wissen, was nicht existiert, das ist die Leere. Die Menschen missverstehen das Konzept und denken, das was sie nicht verstehen, ist die Leere, das ist aber nicht zutreffend. Musashi sagt, dass wenn man sich ganz dem wahren Weg verschreibt und diesen studiert und trainiert, sein Geist, zweigeteilt in Verstand und Herz, die Sicht aufgeteilt in Sehen und Wahrnehmung, dass man dann, wenn die Verwunderung sich verzieht, die wahre Leere sieht. Bis man diesen Punkt erreicht hat, mag man glauben, dass die Dinge korrekt sind, aber dem ist nicht so. Erst wenn man den Weg der Leere als den einzigen Weg akzeptiert, wird man die Dinge verstehen. Die Leere ist weder Gut noch Böse, aber in ihr existieren die Weisheit und der Weg.

4.2.6 Fazit

Der Korpus des Weges der Strategie ist das Wissen. Ziel ist es, alle Umstände zu kennen, als seien sie auf einer Landkarte aufgemalt. Das zweite Buch ist das des Wassers. Wasser passt seine Form dem Gefäß an: es ist klar und durchsichtig. In diesem Buch wird Klarheit dargestellt. Besiegt man einen Mann im Schwertkampf, ist es dasselbe, als ob man jeden besiegt. Der Stratege macht kleine Dinge zu Großen. Das dritte Buch, das des Feuers, handelt vom Kampf. Feuer ist heiß, egal ob klein oder groß. Ebenso ist es egal, ob man einen Mann bekämpft oder eine ganze Armee. Die Essenz dieses Buches ist, dass man Tag und Nacht trainieren muss, um in der jeweiligen Situation, schnell Entscheidungen treffen zu können. In der Strategie ist es notwendig, dass das Training als Teil des normalen Lebens angesehen wird. Das Buch des Windes beschäftigt sich nicht mit Musashis Kampfschule, sondern mit der von anderen. Deshalb wird es auch das Buch der Tradition genannt. Es ist schwer sich zu kennen, wenn man die anderen nicht kennt. Da sich Musashis Konzept der Strategie von dem anderer Schulen unterscheidet, stellt er diese

---

[181] Musashi, S. 115.

in diesem Buch dar und zeigt so die Unterschiede auf. Einer der Hauptunterschiede ist, dass Musashi sich im Gegensatz zu den anderen Schulen, nicht ausschließlich mit dem Schwertkampf beschäftigt. Das letzte Buch, ist das Buch der Leere mit den Dingen, die keinen Anfang und kein Ende haben. Der Weg der Strategie ist wie der Weg der Natur. Wenn man die Natur kennt, ihre Kraft und ihren Rhythmus, kann man auch den Feind im Einklang mit der Natur angreifen. Musashi beschreibt sehr viele Details seiner Schwertkampfschule, die nur schwer in das Wirtschaftsleben zu übertragen sind. Zudem bewegt er sich oft auf der spirituellen Ebene, auf der man mit seinem Geist den des Gegners erkennen und besiegen muss. Letztlich ist das Werk ohne ein genaueres Verständnis von Zen nicht wirklich zu verstehen. Der Grundgedanke des Zens[182] ist, dass zunächst der Verstand dem Körper sagt, was in einer bestimmten Situation zu tun ist. Nun wird diese Handlung so oft geübt, bis sie zum Automatismus wird. Tritt jetzt die vorher bestimmte Situation ein, handelt der Körper, quasi selbstständig, ohne Anweisung des Verstandes. Es handelt sich dabei aber nicht um einen Reflex, sondern um eine bewusste Handlung. Das Bewusstsein kann in einem Zustand der Leere, als unbeteiligter Beobachter die Lage analysieren und das Geschehen lenken. Zudem behindert er die effektive Handlung des Körpers nicht durch störende Gefühle und unpassende Gedanken. Die Leere ist der erstrebte Zustand, indem man Höchstes vollbringen kann. Im Vergleich zu Sun Tzu, konzentriert sich Musashi mehr auf den Zweikampf und behandelt nur den Konfliktfall. Sun Tzu betont mehr den Führungsaspekt und bevorzugt den Sieg ohne Kampf.

4.3 Moderne Betrachtung

Auch Musashis Werk wurde mehrfach für das moderne Berufsleben interpretiert. Hier erfolgte die erste Adaption durch einen Deutschen: Hans-Uwe Köhler, der bereits 1986 Musashis Buch für das Geschäftsleben auslegte. Seine Ausführungen in *Musashi für Manager*[183] sind immer auch an die Sportart Kendo gebunden und daher nicht ausschließlich für das Wirtschaftsleben geeignet. Über zehn Jahre später, 1998 erschien Krauses Buch, *Das Buch der fünf Ringe für*

---

[182] Musashi, Einleitung des Übersetzers über Zen, S. XVIII.
[183] Köhler, Musashi für Manager, 1986.

Führungskräfte[184]. Krause extrahiert sieben Grundsätze, die dem modernen Manager die Erkenntnisse Musashis vermitteln. 2005 erschien dann Brunkens Werk *Die sechs Meister der Strategie*. Wie auch bereits bei Sun Tzu, gliedert er sein Buch nach eigenen Kriterien, was die Materie insgesamt verständlicher macht.

4.3.1 Hans-Uwe L. Köhler: Musashi für Manager

Während Clausewitz und Machiavelli ihre Beobachtungen aus intellektueller Sicht beschreiben, baut Musashi den intellektuellen Aspekt auf dem körperlichen Erfahrungswert auf. Daher ist bei ihm die geistige Bedrohung, der körperlichen gleichzusetzen, ebenso wie der geistige, dem körperlichen Sieg. Nur ein Teil alleine ist wirkungslos. Der körperliche Aspekt vollzieht somit nur das, was vorher bereits in Gedanken erreicht wurde. Köhler, der selbst aktiv Kendo[185] praktiziert, schrieb sein Buch, um die Einsichten, die er durch *Das Buch der Fünf Ringe* gemacht hatte, weiterzugeben. Er propagiert die dort vertretenen Erkenntnisse als solche der modernen Managementlehre und mahne, es sei die Pflicht eines jeden Beraters, sich auf seinem Gebiet weiterzubilden. Sein Buch erschien 1986 und kam daher vor der eigentlichen Entdeckung der Militärstrategien durch Manager, die erst später einsetzte. Sein Buch ist relativ unbekannt und im Buchhandel schon länger nicht mehr erhältlich. Dieses könnte daran liegen, dass es einfach zu früh erschienen ist oder inhaltlich immer wieder mit der Ausübung von Kendo verbunden war, was möglicherweise den Zugang für viele Manager erschwerte. Köhler gliedert sein Buch genau wie Musashi und fasst dessen Kapitel zusammen.

4.3.1.1 Das Buch der Erde[186]

Hier werden, abgeleitet von Musashi, Regeln für den Manager aufgestellt, der die Schwertkunst erlernen will:
- Habe nie arglistige Gedanken.

  Die Grundvoraussetzung ist die Fairness. Arglistige Gedanken machen alles, auch die größten Erfolge im Beruf, zunichte.

---

[184] Krause, Das Buch der Fünf Ringe für Führungskräfte, 1998.
[185] Japanische Sportart, bei der die Teilnehmer mit Schwertern aus Bambusbündeln gegeneinander kämpfen.
[186] Köhler, S. 25.

- Übe Dich unablässig darin, dem Weg zu folgen.

  Es ist notwendig, einzusehen, dass alleine die Entscheidung für einen Weg, einen dem Ziel nicht schon näher bringt, sondern nur die Last des Ausführens mit sich bringt. In dieser Pflicht liegen der Sinn und das Glück des Lebens.

- Mache Dich vertraut mit allen Techniken und Künsten.

  Man soll mit dem bisher Erlernten nicht zufrieden sein. Vielmehr soll man sich immer weiterbilden und die Künste ausüben.

- Studiere die Wege vieler Tätigkeiten und vieler Berufe.

  Man wird reich und mächtig, wenn man das Gegenteil eines Spezialisten ist, der von immer weniger, immer mehr weiß, bis er zum Schluss von Nichts alles weiß. Man soll von möglichst von vielem etwas wissen und selber können. Hieraus ergeben sich drei Empfehlungen:

  1. Nutze den Jahresurlaub, um in einen andren Beruf einzutauchen.
  2. Job-Rotation macht Sinn, weil dadurch das Verständnis für andere Bereiche des Unternehmens über praktische Erfahrung wächst.
  3. Jobwechsel ist eine Alternative, dem Ausgegliedertwerden zuvor zu kommen.

- Lerne, an allen Dingen Gewinn und Verlust zu unterscheiden.

  Hoffe nicht schon vorher, dass alles gut gehen wird. Mache nichts, was keinen Gewinn bringt. Meide Situationen, die nur Verlust bringen. Lerne den Misserfolg auch als solchen zu erkennen. Bekenne Dich zu Deinem Gewinn. Lebe ihn in Bescheidenheit aus.

- Entwickle Deine Fähigkeiten, die Dinge auf den ersten Blick zu durchschauen.

  Lerne zu fragen. Durchschauen setzt voraus, nach den richtigen Dingen zu schauen.

- Bemühe Dich, auch das Wesen dessen zu erkennen, was unsichtbar bleibt.

Die Idee ist, nicht nur mit den Augen zu sehen, sondern Dinge auch zu erspüren.

- Vernachlässige nie Deine Aufmerksamkeit auch gegenüber den kleinsten Dingen.

In den kleinen Dingen kann man die Großen sehen. Um das Wesen einer Blume zu sehen, braucht man nur ein Blüte und nicht ein ganzes Gewächshaus voll.

- Halte Dich nicht mit nutzlosen Beschäftigungen auf.

Tue nichts Nutzloses. Tue nur Dinge, die für den gewählten Weg nützlich sind. Wenn sie nicht nützlich sind, muss man überlegen, wie sie doch nützlich sein könnten.

4.3.1.2 Das Buch des Wassers[187]

Man soll den Kampf suchen und aus ihm lernen. So besiegt man sein gestriges Selbst und sein im Weg stehendes Ich. Wenn man die Möglichkeit hat, soll man die Chancen im Krisenmanagement oder im Marketing-Kampf nutzen, denn das ist die beste Kampfschule des Marktes. Wenn nach dem Sieg, der Erfolg nicht auf dem beruht, was man gelernt hat, dann ist es kein wahrer Sieg.

4.3.1.3 Das Buch des Feuers[188]

Jede Ausübung einer Tätigkeit, eröffnet neue Türen, man wird besser und die Faszination des Gelernten steigt.

4.3.1.4 Das Buch des Windes[189]

Jedes Wissen ist nützlich, aber nur wenn es auf einen „entsprechenden Boden" fällt. Es reicht also nicht nur das gute „Saatgut" zu erwerben, vor allem muss man einen guten Boden haben.

Zum Anforderungsprofil und der Frage, warum gibt es Manager, gibt Köhler folgende Begründung ab:

- Weil es immer mindestens ein Problem gibt, das gelöst werden will.

---

[187] Köhler, S. 41.
[188] Ebenda, S. 99.
[189] Ebenda, S. 157.

- Weil es in jeder Herausforderung eine Chance gibt, die Gewinn verspricht.
- Weil in der Problemlösung genauso wie in der Chance ein Risiko steckt, das eingegangen werden will.
- Weil das alles nicht gegen, sondern nur mit Menschen realisiert werden kann.
- Weil es während der Realisierung zu Konflikten kommen kann, die durch den Manager zu bewältigen sind.
- Weil ein Machtpotential zur Verfügung steht, das gezielt eingesetzt werden will.

4.3.1.5 Fazit

Köhler verbindet sehr viele Ratschläge mit Übungen für Kendo, so dass nicht alles problemlos übertragbar ist, wenn man die Sportart nicht selbst ausübt. Sein Schwerpunkt der Darstellung liegt in Musashis Verhaltenskodex und weniger in konkreten strategischen Gesichtspunkten, was der praktischen Tauglichkeit des Buches nicht zuträglich ist. Das Buch beschäftigt sich daher primär mit den Verhaltensregeln des Managers und seinen persönlichen Entwicklungsmöglichkeiten.

4.3.2 Donald G. Krause: Das Buch der fünf Ringe für Führungskräfte

Neben seinem Buch über Sun Tzu, schrieb Donald G. Krause auch eines über Musashis *Das Buch der Fünf Ringe* und dessen Erkenntnisse für Manager. Es trägt den Titel *Das Buch der Fünf Ringe für Führungskräfte*. Es ist Teil einer Serie über Unternehmensstrategien, Taktik und Management und soll die Leser produktiver, erfolgreicher und zufriedener machen. Er generiert aus Musashis Werk sieben Grundsätze für den Erfolg im Wettbewerb.

4.3.2.1 Erster Grundsatz: *„Geordnete Flexibilität"*[190]

Die geordnete Flexibilität ist der wichtigste philosophische Grundsatz in Musashis Herangehensweise an Konfliktsituationen. Er beschreibt einen Zustand der Vorbereitung, Beobachtung, Selbstbe-

---

[190] Krause, Musashi, S. 22.

herrschung, die Wahl des richtigen Zeitpunktes und die Entschlossenheit zum Handeln in sich vereint. So ist man in der Realität des Moments verwurzelt und beobachtet selbstbewusst die Situation. Dennoch kann man sofort auf die veränderten Umstände reagieren. Wenn der geeignete Zeitpunkt gekommen ist, handelt man mit Entschlossenheit. Diese geordnete Flexibilität, zeigt sich am besten in der Positionierung ohne Position, denn sobald der Gegner den taktischen Ansatz erkennt, kann er ihn unschädlich machen. Übertrieben starre Ordnung und Struktur führen zu Brüchigkeit und Niederlage. Fehlt es jedoch an Ordnung, kann man die Ressourcen nicht konzentrieren und nicht zum richtigen Zeitpunkt handeln. Man muss also Ordnung und Flexibilität balancieren und wie Wasser um Hindernisse herumfliesen lassen. Das Ziel ist, eine Bestimmung der besten Gelegenheiten und Reaktionen zu ermöglichen. So kann man im richtigen Moment seine Ressourcen auf den jeweils Erfolg versprechenden Bereich konzentrieren. Diese Konzentration ist der wesentliche Aspekt des Erfolgs in einer Wettbewerbssituation, da kein Unternehmen genug Ressourcen hat, um alle Gelegenheiten zu nutzen oder jede Schlacht zu schlagen. Mit dem Mittel der Konzentration kann man also den Rhythmus des Gegners erspüren und sein Handeln kontrollieren. Also muss es das Ziel jeder Führungskraft sein, sich auf die Märkte zu konzentrieren, die das Unternehmen gewinnen kann. Laut Musashi, mit dem stärksten Angriff auf die schwächste Stelle des Feindes. Übersetzt heißt das, die produktivsten Ressourcen müssen auf die Gelegenheiten gerichtet werden, die für die längste Zeitdauer die größten Profite abwerfen.

4.3.2.2 Zweiter Grundsatz: „*Durchführung*"[191]

Die geordnete Flexibilität ist die notwendige Voraussetzung der wirksamen Durchführung. Nur die Durchführung, also eine Handlung, führt zu Resultaten und damit zu Profit, bzw. Siegen. Die Durchführung ist dann effektiv, wenn die geeigneten Maßnahmen zum richtigen Zeitpunkt ergriffen werden. Die Grundlage für Durchführung und effektives Handels ist Übung. Die Fähigkeit, den Moment des Vorteils zu erkennen und sich zunutze zu machen, wird durch kontinuierliches Studieren und Üben entwickelt. Die wichtigsten Bereiche, die mit dem Handeln in Verbindung stehen, werden in den kommenden Grundsätzen zusammengefasst. Es

---

[191] Krause, Musashi, S. 24.

handelt sich um Ressourcen, Umgebung, persönliche Haltung, Konzentration und Timing. Diese Grundsätze sind die Komponenten für effektives Handeln, selbst unter schwierigen Umständen.

4.3.2.3 Dritter Grundsatz: „*Ressourcen*"[192]

Ressourcen sind die Vermögenswerte und Fertigkeiten, die jede Seite mit in den Konflikt bringt. Sie sind der Rohstoff der Taktik und stellen im Geschäftsleben Menschen, Anlagen und Geräte, Finanzmittel und den Ruf des Unternehmens dar. Die wichtigste Ressource in einer Wettbewerbssituation ist der rechtzeitige Zugang zu akkuraten Informationen. Musashis Rat ist es, die Information aus allen vorhandenen Quellen zu gewinnen und nichts unversucht lassen, um an diese zu kommen. Hierunter fallen Spione, Berater und Informanten. Kenntnis über die Strategie des Feindes ermöglicht den Sieg über ihn. Kenntnis über seine Position und seine Bewegungen verhüten unangenehme Überraschungen. Informationen sind das Gewebe der der Taktiken und man kann nie zuviel über sich, den Feind oder die Situation wissen.

4.3.2.4 Vierter Grundsatz: „*Umgebung*"[193]

Im Geschäftsleben gehören zur Umgebung unter anderem Markttrends und -strukturen, das ökonomische und politische Klima, Technologie und die öffentliche Meinung. Ressourcen und Umgebung wirken zusammen und bilden den allgemeinen Hintergrund, vor dem sich eine Wettbewerbssituation entfaltet und zur Lösung geführt wird. Die Entscheidung für eine Annäherung an einen Konflikt hängt von der Einschätzung ihrer Umgebung ab, also der Analyse der Umstände. Die Analyse der Umgebung bestimmt somit die Methode des Vorgehens, da keine Methode an sich besser ist als die andere, sondern sie sich lediglich in Anbetracht der jeweiligen Ressourcen und der vorhandenen Umgebung unterscheiden. Diese Umstände geben damit vor, ob man offensiv, defensiv oder neutral an die Situation herangeht. Also sind ist letztlich die Umgebung, die die jeweilig am besten passende Taktik vorgibt.

---

[192] Krause, Musashi, S. 25.
[193] Ebenda, S. 26.

4.3.2.5 Fünfter Grundsatz: „Haltung"[194]

Die Haltung im Konfliktfall ist die, die auch in der Ausbildung eingeübt wurde. Man soll sich der Realität des Moments bewusst sein, selbstbewusst und kompetent, aufmerksam und handlungsbereit, weder furchtsam noch sorglos. Der geistige Zustand während des Konflikts ist von der Vorbereitung auf diesen bestimmt. Jeder Herausforderung muss mit fester, jedoch flexibler Haltung begegnet werden. Die Einstellung, die für die Konfrontation notwendig ist, findet sich im Ehrenkodex der japanischen Samuraikrieger wieder. Diese ist auch die Grundlage für Musashis feudale Kultur. Die Regeln besagen, dass man ausschließlich an die Überwindung der Situation denken soll, in der man sich befindet. Wenn man die Konsequenzen des Fehlschlags fürchtet, wird man seine Entscheidungen und das Handeln dieser Möglichkeiten entsprechend ausrichten. Eine Niederlage darf nicht als Möglichkeit in Erwägung gezogen werden. Musashi sagt, dass selbst eine weniger begabte Person wertvoll sein kann, wenn sie nicht an die Niederlage denkt, sondern entschlossen ihr Ziel verfolgt. Nach diesem Kodex ist die Angst der größte Feind, dem man begegnen kann. Sie ist unüberwindlicher als jeder Gegner. Die eigene Furcht lässt die Gefahren größer erscheinen und verschleiert die Realität. Die Angst existiert lediglich in den Gefühlen und hat außerhalb der eigenen Vorstellung keine Realität. Ob man Angst hat oder nicht ist die eigene Entscheidung und hat keinen Einfluss auf die tatsächliche Situation. Um zu gewinnen, rät Musashi, soll man die Lage einschätzen als ob man zuversichtlich handelt. Weder eingebildete Furcht, noch falscher Optimismus, können die wirkliche Lage und Umstände, in der man sich befindet, ändern. Musashi sagt, wenn einem im Dschungel des Wettbewerbs ein Tiger begegnet, dann ist er genau das, nicht mehr und nicht weniger. Mit offenen Augen und einem ausgeglichenen Gemüt seien die Erfolgsaussichten weit besser.

4.3.2.6 Sechster Grundsatz: „Konzentration"[195]

In jeder Situation gibt es Taktiken, die funktionieren, und Taktiken, die keinen Erfolg haben. Nach Musashi basiert eine wirksame Taktik auf dem Prinzip der Konzentration eigener Stärken auf

---

[194] Krause, Musashi, S. 27.
[195] Ebenda, S. 28.

Schwachpunkte des Gegners oder der Umwandlung von Ressourcen in günstige Gelegenheiten. Jeder Gegner, jede Herausforderung der man begegnet birgt eine Schwäche oder eine Möglichkeit, die man sich bei entsprechender Aufmerksamkeit zunutze machen kann. Die Konzentration zieht den größten Nutzen aus den Ressourcen angesichts der Schwäche oder Möglichkeiten, die einer bestimmten Situation oder Bedrohung innewohnen.

4.3.2.7 Siebter Grundsatz: *„Der geeignete Zeitpunkt"*[196]

Der Zeitpunkt des Handelns (Timing) ist häufig für den Erfolg im Konkurrenzkampf ausschlaggebend. Musashi betont dies immer wieder, wenn er von Rhythmus und Timing spricht. Das Handeln zum richtigen Zeitpunkt gewährleistet die besten Erfolgsaussichten. Denn im Wettbewerb darf man weder zu früh noch zu spät handeln. Entscheidend sind also nicht die Geschwindigkeit, sondern der Rhythmus und die zeitliche Abstimmung. Der geeignete Zeitpunkt ist gegeben, wenn die Lage die gewählte Taktik begünstigt. Konzentration und Timing wirken zusammen, so dass, wenn man die Konzentration der Ressourcen und der Gedanken nicht auf den richtigen Zeitpunkt richtet, auch die gewählte Taktik fehlschlägt.

4.3.2.8 Fazit

Krauses Buch stellt die Kernpunkte gut heraus, ohne zu sehr auf die philosophischen Aspekte Musashis einzugehen. Seine Grundsätze sind auf die modernen Verhältnisse angepasst und geben Musashis strategische Ratschläge umfassend wieder.

4.3.3 Ingmar P. Brunken: Die 6 Meister der Strategie

In seinem Werk *Die 6 Meister der Strategie* behandelt Brunken nicht nur Sun Tzu, sondern auch Musashi, dessen Lehre er wie folgt zusammenfasst:

4.3.3.1 Zielsystem

Lektion 2.1: *„Drei Grundmethoden der Kommunikation"*[197]: Wichtige Aussagen muss man übertreiben, damit diese mehr Aufmerksam-

---

[196] Krause, Musashi, S. 29.
[197] Brunken, S. 76.

keit erfahren. Zweitens muss man seine Argumente unangreifbar machen, beispielsweise durch weiche Aussagen, die faktisch nicht nachprüfbar sind. Letztens muss man Scheinbegründungen bringen, um seine Schwächen als Stärken darzustellen.

Lektion 2.2: „*Zielbezogenheit*"[198]: Jede Handlung sollte auf ein Ziel gerichtet sein. Man selbst und das höchste Ziel sollten immer im Vordergrund stehen und jede Anstrengung, die einen seinem Ziel nicht näher bringt, ist vergebliche Mühe und sollte unterlassen werden.

4.3.3.2 Mehr Wissen

Lektion 2.3: „*Gegner richtig einschätzen*"[199]: Vor dem Konflikt muss man sich alle möglichen Informationen über den Gegner beschaffen, um so eine objektive Einschätzung zu ermöglichen.

Lektion 2.4: „*Gesamtperspektive einnehmen*"[200]: Eine objektive Einschätzung ist einfacher, wenn man sich auf die Gesamtsituation konzentriert. Man versetzt sich in die Rolle eines unbeteiligten Beobachters und kann so unbeeinflusst Ziele und Motive ergründen.

Lektion 2.5: „*Tipps für die Täuschung des Gegners*"[201]: Man soll unberechenbar sein und die angewandten Taktiken immer wieder ändern. Mit Scheinangriffen kann man den wahren Angriffszeitpunkt verschleiern. Man kann sich vom Gegner unterschätzen lassen und falsche Annahmen, Stärken oder Absichten provozieren. Mit einem Scheinrückzug kann man sich nur scheinbar zurückziehen, um dann doch wieder anzugreifen.

Lektion 2.6: „*Informationsherausgabe provozieren*"[202]: Man soll den Gegner dazu verleiten, freiwillig Informationen herauszugeben.

Lektion 2.7: „*Den Gegner lenken*"[203]: Man soll das Wissen über den Gegner dazu nutzen, sich Vorteile zu verschaffen. Hierzu sind seine Schwächen oder Eigenarten ausnutzen.

---

[198] Brunken, S. 79.
[199] Ebenda, S. 81.
[200] Ebenda, S. 82.
[201] Ebenda, S. 84.
[202] Ebenda, S. 85.
[203] Ebenda, S. 87.

4.3.3.3 Ungleichgewicht herstellen

Lektion 2.8: *„Problemlösung durch Zerlegen"*[204]: Groß erscheinende Probleme soll man zerlegen und so machbare Einzelaufgaben schaffen, die dann keine schwierige Aufgabe mehr darstellen.

Lektion 2.9: *„Stärken kennen und nutzen"*[205]: Man muss die eigenen Stärken nutzen und nicht nur andere Konzepte nachahmen.

Lektion 2.10: *„Der richtige Zeitpunkt"*[206]: Es gibt für alles einen perfekten Zeitpunkt und der richtige Zeitpunkt ist immer ausschlaggebend.

Lektion 2.11: *„Angriff statt Verteidigung"*[207]: Angriff ist immer besser als Verteidigung. Wenn zu erwarten ist, dass man angegriffen wird, ist es besser, vorher selbst anzugreifen.

4.3.3.4 Im Kampf überlegen sein und Niederlagen abwenden

2.12: *„Grundmuster des Erfolgs im Kampf"*[208]: Wenn man gewinnen will, muss man in mindestens einem Gebiet besser sein als der Gegner. Außerdem muss man einen unkonventionellen Weg zum Ziel wählen und den Gegner damit überraschen. Man nutzt so die erste Gelegenheit zum Sieg, da ein langer Konflikt nur unnötig Ressourcen verzehrt.

Lektion 2.13: *„Entschlossenheit"*[209]: Auch in schwierigen Situationen muss man durchhalten und dran beleiben, wer aufgibt hat schon verloren.

Lektion 2.14: *„Rückzug"*[209]: Bevor man verliert, sollte man sich zurückziehen und den Kampf unterbrechen. Man kann dann mit einer neuen Strategie abermals angreifen.

Lektion 2.15: *„Pattsituationen überwinden"*[210]: Wenn keine der beiden Seiten gewinnen kann und eine Pattsituation entsteht, dann sollte diese stabilisiert werden.

---

[204] Brunken, S. 88.
[205] Ebenda, S. 89.
[206] Ebenda, S. 90.
[207] Ebenda, S. 92.
[208] Ebenda, S. 94.
[209] Ebenda, S. 95
[210] Ebenda, S. 96.

4.3.3.5 Fazit

Brunken fasst den Inhalt aus Musashis Werk unter seinen Gliederungspunkten zusammen und arbeitet die folgenden drei größten Stärken heraus: Das Ziel steht sehr pragmatisch immer im Vordergrund, nie der Weg dorthin. Ohne ausschweifende Formulierungen ist es hervorragend strukturiert und veranschaulicht durch einprägsame Vergleiche. Ebenso wie bei Sun Tzu findet Brunken auch bei Musashi drei Schwächen: Das besprochene Zielsystem ist eingeschränkt auf offene Konflikte mit Gegnern. Die Schilderung technischer Details des Schwertkampfes ist ferner nur begrenzt übertragbar. Und rhetorische Lektionen müssen erst mit erheblichem Aufwand interpretiert und abgeleitet werden. Insgesamt sind die von Brunken herausgearbeitet Punkte gut dargestellt und übertragen den Grundgedanken von Musashi, wobei er mehr einzelne Regeln ableitet, als Köhler oder Krause.

5. Gesamtfazit

Nach der Betrachtung aller vorliegenden Werke lassen sich folgende Gemeinsamkeiten feststellen: Alle modernen Autoren gewinnen eigene Erkenntnisse aus den Werken der großen Meister; gewisse Parallelen sind zwar erkennbar, aber keinerlei Interdependenzen. Wahrscheinlich sind die Autoren selbst zu unbekannt, als dass sie sich gegenseitig lesen oder gar zitieren würden. Sie gewinnen alle ihre Aussagen aus den Übersetzungen des Original-Textes und haben unterschiedliche Schwerpunkte. Die beiden Autoren, die jeweils mehrere Militärstrategen auswerten, Brunken und Krause, bewerten sowohl Sun Tzu, als auch Musashi ähnlich. Brunken hebt hierbei jedoch als einziger sowohl Unterschiede und Gemeinsamkeiten als auch Schwächen hervor. Fasst man alle besprochenen Werke zusammen, ergeben sich zehn Grundsätze, die im heutigen Wirtschaftsleben noch Gültigkeit haben:

1. Strategie ist wichtig.
2. Greife mit Deinen Stärken die Schwächen des Gegners an.
3. Nutze eine Täuschung, um einen strategischen Vorteil zu erlangen.
4. Mache Kompromisse, um Ergebnisse zu erzielen, und strebe nicht nach Perfektion.
5. Suche den Gesamtsieg, am besten ohne einen Kampf, nicht die Vernichtung des Gegners oder den Sieg in einer Schlacht.
6. Sei flexibel und handele nicht nach starren Plänen, so kannst Du die Missgeschicke des Gegners ausnutzen.
7. Sammele Information, wo Du kannst, denn ohne Wissen kann man nicht entscheiden.
8. Erkenne die Interdependenzen, nur dann kannst Du sie nutzen.
9. Sei geduldig, denn aus Hast resultieren Fehler.
10. Vermeide Emotionen, denn sie vernebeln den Verstand.

Diese Grundsätze sind allerdings nur als Elemente zu verstehen, die einzeln, umgekehrt oder auch kombiniert verwendet werden können, um den besten Effekt zu erzielen. Gegen die grundsätzliche Übertragung von Militärstrategien im Wirtschaftsleben gibt es jedoch Bedenken.

5.1 Kritik

Lässt sich die Situation eines Krieges, mit dem Ziel der Vernichtung des Gegners, auf unser heutiges Wirtschaftsleben übertragen? Der Feind von heute, kann bereits morgen der Verbündete sein oder der Markt zwingt die Mitbewerber zusammenzuarbeiten, wie beispielsweise auf dem Gebiet der Forschung. Hier denkt man an das Stichwort Co-opetition, das für eine Strategie der Kooperation von Wettberbern steht. Fraglich ist daher, ob die fernöstlichen Militärstrategien in so einer globalisierten Wirtschaftswelt wirklich zum Erfolg führen können.

Die Konzepte der Militärstrategie sind um einiges älter als die der Unternehmungsstrategie. Es ist deshalb nahe liegend, Regeln und Grundsätze aus dem Bereich der Militärstrategie unmittelbar auf die Unternehmung zu übertragen. Einerseits erkennt die klassische Managementlehre zwar die Herkunft der Strategie aus dem Bereich des militärischen an, lehnt aber eine direkte Übertragung der militärischen Strategien in das Wirtschaftsleben ab[211]. Ein direkter Vergleich zeigt folgende Unterschiede und Gemeinsamkeiten: Die Kriegslehre beschäftigt sich mit den Problemen der Staatsführung, die durch militärische Mittel zu lösen sind, während Dreh- und Angelpunkt der Managementlehre die produktiv tätigen Bereichen der Wirtschaft sind. Die Kriegslehre gestaltet und lenkt militärische Einheiten und nicht wirtschaftliche Unternehmensstrukturen. Auch die Ziele sind unterschiedlich: Im Krieg geht es um das langfristige Überleben einer Populationsgemeinschaft und der Wahrung von Eigenständigkeit oder Ausweitung des Einflussgebietes. Sie ist je nachdem defensiv oder offensiv ausgerichtet. In der Wirtschaft sind die Ziele eine langfristige Sicherung der Existenz eines produktiven sozialen Systems, das sich in einem wechselnden Umfeld befindet, und die Erzielung angemessenen Gewinns. Die Art der Problemlösung ist jedoch jeweils ähnlich, denn im militärischen Bereich werden die Grundsätze und Handlungsanweisungen aus der Analyse von Feldzügen und Gefechten gewonnen. Im Wirtschaftsleben erfolgen die gültigen Erfolgsfaktoren aus der Analyse erfolgreicher Unternehmen. Der Ansatz zur Übertragung militärischer Strategien auf die Wirtschaft, bekannt unter dem Namen „Kriegslehrschule", hat seine Anhänger im Management und entsprechende Sachbücher

---

[211] Becker, S. 139.

tauchen immer wieder auf der Bestsellerliste auf. Trotzdem ist dieser Schule mit Vorsicht zu begegnen, da erhebliche Unterschiede zwischen der Zweckbestimmung und den Lebensgesetzen einer Unternehmung und einer militärischen Institutionen bestehen. Unterschiede zwischen Militär- und Unternehmensstrategie liegen auch darin, dass eine Militärstrategie immer antagonistisch und ein Nullsummenspiel ist. Bei einer Unternehmung steht einem Gewinn dagegen nicht immer zwangsläufig einem Verlust eines anderen gegenüber. Ebenso gibt es in der Wirtschaft die strategischen Ansätze der Co-opetition, die eine Zusammenarbeit der Wettbewerber bedingt. Ein solcher strategischer Ansatz ist in militärischen Operationen undenkbar. Militärstrategie bezweckt die endgültige Lösung, während ein Unternehmer sich eher in einer ununterbrochenen und zeitlich unbegrenzten Konfliktsituation befindet. Der Krieg ist ein zeitlich begrenztes Vorhaben und somit ein diskontinuierlich verlaufender Vorgang. Der strategisch relevante Handlungsspielraum einer Unternehmung ist demgegenüber zeitlich unbegrenzt. Ferner kann eine Militärstrategie stets nur als Teilstrategie betrachtet werden, da sie nur ein untergeordneter Teil einer sachlich umfassenderen und zeitlich stets weiterreichenden Staatsstrategie ist. Letztere hat daher eine größere Ähnlichkeit mit der Unternehmungsstrategie als die Militärstrategie selbst. Obwohl Wirtschaft und Krieg gemeinsame Elemente haben, sind sie dennoch unterschiedliche Phänomene, aufgrund der ungleichen Kräfte, die sie antreiben, und der Ergebnisse, die sie verfolgen. *„Wirtschaftliches Handeln zielt auf die Schaffung von Werten und Nutzen für die Gesellschaft, Krieg, im Gegenteil hat keine Wertschöpfung. Durch die Abstraktion von Gedanken aus beiden Gebieten verbinden sich diese wieder – zur Strategie."*[212] Sieht man von diesen Unterschieden ab, kann man durchaus einige Ansätze von Sun Tzus und Musashis Werken im heutigen Wirtschaftsleben verwenden. Die Autoren arbeiten die jeweils relevanten Punkte gut heraus. Kritikpunkte an einer direkten Übertragung beider fernöstlichen Militärstrategen sind zuallererst die glücklicherweise längst überholte Weltanschauung. Weiterhin sind einige Dinge äußerst detailliert dargestellt und lassen so wenig Raum für sinnvolle Interpretation. Kapitel 9 und 12 in *Die Kunst des Krieges* sind operativ militärisch und deshalb für einen Manager keineswegs von Nutzen. Denn er muss wohl kaum wissen, was bei einer Armee auf dem Marsch oder dem Angriff

---

45 Oetinger, S. 5.

durch Feuer zu beachten ist. Eine analoge Anwendung scheint mir ferner sehr weit hergeholt. Bezüglich Musashi muss man die spirituellen Elemente relativieren und sich auf die Kernaussagen konzentrieren. Betrachtet man seine Ratschläge, kann man zur Erkenntnis kommen, dass vieles eigentlich nur Folge des normalen Menschenverstandes ist und es sich nicht um okkultes Geheimwissen handelt. Dennoch gibt es einige Grundsätze, die durchaus ihre Verwendung im modernen Wirtschaftsleben finden können.

5.2 Schlusswort

Insgesamt bleibt festzustellen, dass nicht nur der Einfluss, sondern auch die Aktivität der Autoren zu diesem Thema dynamisch zunimmt. Auch wenn man der Ansicht ist, dass die klassische Strategieschule noch etwas Mühe mit einer direkten Anwendung der dort gewonnenen Leitsätze hat, so ist es sicher, dass das Interesse stark zunimmt. Immer öfter werden erfolgreiche Personen zitiert, die ihre wirtschaftlichen Erfolge auf die Anwendung militärstrategischer Grundsätze stützen. Dies sind im Fall von Sun Tzu beispielsweise Larissa Schmidt[213], Gründerin von Cyberdesign in Frankfurt, oder John Glenhill[214], Präsident der Mueller Steam Specialty, St. Pauls, North Carolina in den USA. Die Weisheiten Musashis sind der Erfolgsgrund von: H. Schultz[215], Gründer der Starbucks Kaffeelokale, Andy Grove[216] von Intel oder Bill Gates[217] von Microsoft, teilweise ohne davon zu wissen. Darüber hinaus schreiben einige Autoren mehrer Werke zum Thema Sun Tzu: wie beispielsweise Michaelson, der nicht nur Sun Tzu für Manager, sondern auch für alle andere Lebenslagen auslegt. Zu seinen Titeln gehören *Sun Tzu for Success*[218], *Sun Tzu Strategies for Winning the Marketing War*[219], *Sun Tzu Strategies for Selling*[220] und sein neuester Titel aus dem Jahr 2007 ist *Sun Tzu for Execution*[221]. Im Rahmen der Globalisierung ist somit ein steigender Einfluss fernöstlicher Militärstrategien, die zugleich bereits fester

---

[213] Michaelson, S. 157.
[214] Ebenda, S. 139.
[215] Krause, Musashi, S. 149.
[216] Ebenda, S. 166.
[217] Ebenda, S. 170.
[218] Michaelson, Sun Tzu for Success, 2003.
[219] Michaelson, Sun Tzu, Strategies for Winning the Marketing War, 2001.
[220] Michaelson, Sun Tzu, Strategies for Selling, 2004.
[221] Michaelson, Sun Tzu for Execution, 2007.

Bestandteil asiatischer Geschäftsstrategien geworden sind, auch in der westlichen Managementliteratur festzustellen.

Natürlich klingt es natürlich besser, wenn man zu einem Strategie-Vorschlag einen tollen Spruch von Sun Tzu aufsagen kann und gerade deshalb wird es oft von Strategie-Beratern getan. Und auch wenn die Weisheiten nicht alle neu sind, so ist die „alte" Aufbereitung doch eine willkommene Abwechslung von dem allgemeinen Schreibstil der Lehrbücher. Es handelt sich nicht um eine allgemeingültige „Glücksformel" für Konfliktlösungen, sondern um Ansätze und Erfahrungswerte. Man darf nicht vergessen, dass es sich immer um Wissen handelt, das in Kombination mit dem eigenen Wissen, wieder neues Wissen für den Einzelnen schafft. Wissen ist immer gut. Mehr Wissen erweitert Sichtweise bringt Verständnis. Altes Wissen verbindet sich im Verständnis mit dem neuen Wissen wieder zu ganz neuem Wissen. Das Verständnis für die Mechanismen der Strategie steigt. Je mehr man weiß, desto mehr kann man die möglichen Handlungen, auch der Gegner, einschätzen. Also, die Standards kennen und überraschend entscheiden. Man braucht also weniger einen vorher festgeschriebenen Plan, sondern er muss flexibel auf die jeweilige Situation angepasst werden. Wenn er aufgeschrieben ist, ist er zu starr. Und wenn ihn jeder kennt, ist er ebenfalls nutzlos. Eine noch so gut ausgearbeitet Strategie kann nicht alle äußeren Bedingungen berücksichtigen. Denn sie unterliegen Änderungen oder existieren zum Zeitpunkt der Planerstellung noch gar nicht. Passend hierzu das Zitat eines der weltbesten Go Spielers:

„Das Problem liegt in der falschen Erwartungshaltung. Bei Go-Kursen in den USA oder Europa erlebe ich immer wieder die gleiche Szene. Die Spieler brüten über ihrem nächsten Zug, und ich sage: Du könntest das machen oder dort spielen oder auch so setzen. Damit sind sie jedoch nie zufrieden. Sie wollen immer, dass ich ihnen die eine optimale Möglichkeit zeige, am besten mit einer klaren Kosten-Nutzen-Analyse. Dabei kann ich ihnen nur sagen: Ich weiß es jetzt auch noch nicht, wir müssen es einfach ausprobieren."[222]

Der für mich perfekte Plan, und damit auch Strategie, ist ein flexibler, immer wandelbarer, der sich optimal an die Bedürfnisse anpasst. Damit ist er aber vorher nicht bestimmbar und kann schon gar nicht in irgendwelchen Büchern nachgelesen werden. Stratege

---

[222] McK Wissen 07, Wang Yuan 8 Dan, S. 69.

sein ist also weniger das Vorhandensein von Wissen, als vielmehr eine Geisteshaltung. Je mehr man weiß und kann, desto besser wird man. Wie jemand, der sich gut bei den Spielen Schach und Go auskennt, es auch bei einem neu erlernten abstrakten Strategiespiel leichter hat. Die Idee ist, dass man genug Mechanismen kennt, um diese analog anwenden zu können. So kann ein guter Schachspieler andere Varianten, wie Xiang Qi (chinesisches Schach) oder Go gut spielen. Ebenso verhält es sich mit dem abstrakten Strategiewissen. Also auch wenn man Kriegsstrategien nicht direkt anwenden kann, so helfen sie doch beim Verständnis der artverwandten Wettbewerbsstrategie und sind im besten Fall analog anwendbar. Voraussetzung ist dafür jedoch, dass man die Informationen nicht nur liest, sondern auch versteht.

Selbst wenn man nun eine direkte Anwendbarkeit auf das Geschäftsleben ablehnt, so kann es dennoch wichtig sein zu wissen, wie Strategie im Fernen Osten gelebt wird. Für denjenigen, der dort Geschäfte tätigt, ist diese Wissen umso wichtiger. Um Sun Tzu zu zitieren: *"Wenn Du den Feind und dich selbst kennst, brauchst Du den Ausgang von hundert Schlachten nicht zu fürchten"*[223]. Wer also Geschäfte in China oder Japan tätigt, für den ist es sinnvoll diese Grundsätze zu kennen, um Reaktionen seines fernöstlichen Gesprächspartners besser einschätzen zu können. Denn während es in Fernost als durchaus ehrenwert gilt, den Gegner zu überlisten, ist dies in der westlichen Geschäftswelt eher verpönt. Letztlich sind diese Grundsätze in ihrer Allgemeinheit für den Strategieprozess in Unternehmen sinnvoll, denn eines ist unumstritten klar: Strategie ist wichtig für den Erfolg. Nicht nur für Unternehmen.

Zu beachten gilt jedoch, dass sowohl Sun Tzu wie auch Musashi betonen, es gebe nicht nur den einen richtigen Weg oder die eine richtige Strategie, sondern man muss stets die passende Strategie für die jeweilige Situation finden.

Ob und wie diese Strategien für einen Manager anwendbar sind, muss jeder selber beurteilen, für mich sind sie wieder ein weiteres Mosaik im Gesamtbild des Strategischen Denkens.

---

[223] Sun Tzu, S. 11.

Literaturverzeichnis

Andrews, K. R.: Concepts of Corporate Strategy.
Irwin: 1994. (Zitiert: Andrews)

Becker, J.: Marketing-Konzeption.
München: 2001. (Zitiert: Becker)

Bose, P.: Alexander der Große, die Kunst der Strategie.
Wien: 2005. (Zitiert: Bose)

Brunken, I. P.: Die 6 Meister der Strategie.
Berlin: 2005. (Zitiert: Brunken)

Chandler, A. D.: Strategy and Structure: Chapters in the History of the American Industrial Enterprise.
Cambridge: 1996. (Zitiert: Chandler)

Chu, C.: Die weibliche Kunst der Krieges.
München: 2002. (Zitiert: Chu)

Clavell, J.: Nobel House.
New York: 1981. (Zitiert: Clavell)

Förster, S., Pöhlmann, M.,: Kriegsherren der Weltgeschichte. 22 historische Portraits.
München: 2006. (Zitiert: Förster)

Ghemawat, P.: Competition and Business Strategy in Historical Perspective.
In: Business History Review 76, 2002, Frühjahrsausgabe, S. 37-74.

Grant, R. M.: Contemporary Strategy Analysis: Concepts, Techniques, Applications.
Boston: 1991. (Zitiert: Grant)

Guanzhong, L., übersetzt von Moss, J.: Three Kingdoms.
Hong Kong: 1999. (Zitiert: Guanzhong)

Handel, M. I.: Masters of War, Classical Strategic Thought.
Oxon: 2001. (Zitiert: Handel)

Kay, J.: Foundations of Corporate Success.
Oxford: 1995. (Zitiert: Kay)

Köhler, H. L.: Musashi für Manager.
Düsseldorf: 1986. (Zitiert: Köhler)

Krause, D. G.: The Art of War for Executives.
Boston: 1996. (Zitiert: Krause, Sun Tzu)

Krause, D. G.: Das Buch der fünf Ringe für Führungskräfte.
Frankfurt am Main: 1998. (Zitiert: Krause, Musashi)

Levinson, W. A.: The Way of Strategy.
Lincoln: 2000. (Zitiert: Levinson)

McNeilly, M. R.: Sun Tzu and the Art of Business: Six Strategic Principles for Managers.
Oxford: 2001. (Zitiert: McNeilly)

Michaelson, G. A.: 50 Ways to close a Deal.
New York: 1994. (Zitiert: Michaelson, 50 Ways to close a Deal)

Michaelson, G. A.: Sun Tzu, The Art of War for Mangers.
Massachusetts: 2001. (Zitiert: Michaelson)

Michaelson, G. A.: Sun Tzu for Success.
Cincinnati: 2003. (Zitiert: Michaelson, Sun Tzu for Success)

Michaelson, G. A.: Sun Tzu Strategies for Selling.
Columbus: 2003. (Zitiert: Michaelson, Sun Tzu Strategies for Selling)

Michaelson, G. A.: Winning the Marketing War.
Columbus: 2004. (Zitiert: Michaelson, Winning the Marketing War)

Michaelson, G. A.: Sun Tzu for Execution.
Cincinnati: 2007. (Zitiert: Michaelson, Sun Tzu for Execution)

Mintzberg, H.: Strategy Safari.
Heidelberg: 2005. (Zitiert: Mintzberg)

Munenori, Y.: Der Weg der Samurai.
München: 2002. (Zitiert: Munenori)

Musashi, M.: The Book of Five Rings, Gorin No Sho.
New York: 1983. (Zitiert: Musashi)

Neumann, J., Morgenstern, O.: Theory of Games and Economic Behaviour.
Princeton: 1947. (Zitiert: Neumann, Morgenstern)

Oliver, R. W.: The Future of Strategy: Historic Prologue.
In: Journal of Business Strategy, 2002, Band. 23, Ausgabe 4, S. 6-9.

Von Oetinger, B., von Ghyczy, T., Bassford, C.: Clausewitz - Strategie denken.
München: 2003. (Zitiert: Oetinger)

Paret, P.: Makers of Modern Strategy.
New Jersey: 1986. (Zitiert: Paret)

Porter, M.: Wettbewerbsstrategie.
Frankfurt am Main: 1999. (Zitiert: Porter)

Schwanfelder, W.: Sun Tzu für Manager.
Frankfurt am Main: 2004. (Zitiert: Schwanfelder)

von Senger, H.: Die Kunst der List.
München 2000. (Zitiert: Senger)

Simon, H. (Hg.), Oettinger R. (Hg.), Rock, S. (Hg.), Stoeven, V. (Hg.), Reulein, D. (Hg.), Deiters, J. O. (Hg.): Das große Handbuch der Strategiekonzepte.
Berlin: 2000. (Zitiert: Simon, et al)

Tong, F. C.: Outlook for Asian Strategy.
In: Singapore Management Review, 2001, Band 23, Ausgabe 2, S. 85-89.

Tsunetomo, Y.: Hagakure.
München: 2000. (Zitiert: Tsunetomo)

Tung, R. L.: Strategic Management Thought in East Asia.
In: Organizational Dynamics, 1994, Band 22, Ausgabe 4, S. 55-65.

Tzu, S.: Die Kunst des Krieges.
München: 1988. (Zitiert: Sun Tzu)

Wong, Y. Y.: The Strategy of an ancient warrior: An inspiration for international managers.
In: Multinational Business Review, 1998, Frühjahrsausgabe, S.24-35.

Yoshikawa, E.: Musashi.
München: 1984. (Zitiert: Yoshikawa)

Zedong, M.: Theorie des Guerillakrieges oder Strategie der Dritten Welt.
Hamburg: 1966. (Zitiert: Zedong)

Abbildungsverzeichnis

Abbildung 1: Schachfigur Turm	4
Abbildung 2: Entwicklung der Strategie im Wirtschaftsleben	11
Abbildung 3: Yin Yang Symbol	13
Abbildung 4: Übertragung der Begriffe Sun Tzus ins heutige Wirtschaftsleben	32
Abbildung 5: Überraschung in Angriff und Verteidigung	36
Abbildung 6: 9 Situationen Matrix zur Entscheidungsfindung	52
Abbildung 7: Enso Symbol	53